BREAKTHROUGH
FRENCH
ACTIVITY BOOK
THIRD EDITION

Stephanie Rybak

General Editor
Brian Hill

Head of the School of Languages,
University of Brighton

First edition 1994
Second edition 1996
Third edition 2003
PALGRAVE MACMILLAN
Houndmills, Basingstoke, Hampshire RG21 6XS and
175 Fifth Avenue, New York, N.Y. 10010
Companies and representatives throughout the world

PALGRAVE MACMILLAN is the global academic imprint of the Palgrave Macmillan division of St. Martin's Press, LLC and of Palgrave Macmillan Ltd. Macmillan® is a registered trademark in the United States, United Kingdom and other countries. Palgrave is a registered trademark in the European Union and other countries.

ISBN 1–4039–1670–5

This book is printed on paper suitable for recycling and made from fully managed and sustained forest sources.

A catalogue record for this book is available from the British Library.

10   9   8   7   6   5   4   3   2   1
12 11 10 09 08 07 06 05 04 03

Printed in China

Acknowledgements

Warm thanks to Katie Lewis for editing this revised edition.

The author and publishers wish to thank the following for permission to use copyright material: Gîtes de France for the use of their logo on page 74; Vedettes Blanches Armor for details of their trips, used on page 50.

Every effort has been made to trace all the copyright holders, but if any have been inadvertently overlooked the publishers will be pleased to make the necessary arrangement at the first opportunity.

Contents

Introduction

Breakthrough Activity Books are a self-study resource for language learners. They are designed to provide extra practice in reading and writing skills in a digestible, enjoyable and easy-to-follow format.

They are based on the content of the successful Breakthrough language courses and they are ideal for learners who are using or have used Breakthrough. They are of equal value to people who have been following other first-level radio, television or tape-based courses. The Activity Books take as their starting point the crucial topics you need when visiting or developing contacts in overseas countries. So, you find yourself involved in activities to help you when you are introducing yourself, describing your family, your job, or your town, asking for directions, shopping, ordering meals or booking rooms, saying what you like or dislike, talking about your holidays or saying goodbye.

The books are particularly appropriate for people who have made reasonable progress in listening and speaking, but who feel they now need something a bit more concrete to reinforce the vocabulary and structures they have learned. The activities, therefore, have been carefully selected to practise key language points in a palatable way.

Everything is carefully explained and you should have no difficulty knowing what you are expected to do. At the end of each unit are full answers, so you can check how you are doing. These have been made as comprehensive as possible, so you can sort out where you went wrong.

Everybody works at a different pace, but on average you should expect to spend 1–1½ hours working through each unit. It is a good idea to have a dictionary handy to check on any words you don't know. You might also find it fun to work through the book with somebody else in your family or with friends. Two or three heads are better than one and you can help each other. You can work at home, in your lunch breaks or even on plane or train journeys.

The *Breakthrough French Activity Book* is ideal for practising, refreshing and developing your language skills in an easy-going way which nevertheless covers the ground thoroughly. When you feel that you have mastered the activities in the fifteen units you will have a sound base to make the most of holidays, visits from friends and the many situations where language skills open up hitherto closed doors.

Brian Hill
General Editor

1 TALKING ABOUT YOURSELF

Exercise 1   Let's start by revising a few basic words and phrases. See if you can write the number of the correct translation (1–9) by each French item.

a.	**Bonsoir!**	....	1	I am on holiday.	
b.	**Bonne nuit!**	....	2	Goodnight!	
c.	**Vous êtes de Paris?**	....	3	(Have a) good holiday!	
d.	**Vous êtes français?**	....	4	Are you French?	
e.	**Je suis français.**	....	5	Are you English?	
f.	**Je suis anglaise.**	....	6	Good evening!	
g.	**Vous êtes anglaise?**	....	7	I am French.	
h.	**Je suis en vacances.**	....	8	I am English.	
i.	**Bonnes vacances!**	....	9	Are you from Paris?	

The answers to all the exercises are at the end of the unit.

Exercise 2   Can you circle the odd word out in each of these sets of words?

a.   **Mademoiselle / Messieurs-dames / Merci / Monsieur**

b.   **Bonjour / C'est / Au revoir / Bonsoir**

c.   **Nom / Adresse / Prénom / Bière**

d.   **Américain / Londres / Anglais / Australien**

e.   **Vous / Il / Nous / Quoi**

Exercise 3   Here is part of a hotel's market-research questionnaire:

Nom: (Monsieur/Madame/Mademoiselle) ....

Prénom: ....

Adresse: ....

....

Nationalité: ....

Vous êtes ici... en vacances ☐

pour votre travail ☐

Fill it in / tick as appropriate as though you were Mrs Angela Carter, an Englishwoman travelling on business. Her home address is 34 Parker Street, Newcastle.

Exercise 4   You can probably guess the meanings of these words for nationalities. Which of the speakers (a–g) are women?

a.   **Je suis anglais.**   ☐

b.   **Je suis française.**   ☐

c.   **Je suis américain.**   ☐

d.   **Je suis hollandaise.**   ☐

e.   **Je suis italien.**   ☐

f.   **Je suis portugaise.**   ☐

g.   **Je suis grec.**   ☐

Exercise 5   Now write out the nationalities of these people:

a.   **Il est de Washington.**   **Il est** ....

b.   **Il est d'Athènes.**   **Il est** ....

c.   **Il est de Rome.**   **Il est** ....

d.   **Elle est d'Amsterdam.**   **Elle est** ....

e.   **Elle est de Lisbonne.**   **Elle est** ....

f.   **Il est de Londres.**   **Il est** ....

g.   **Elle est de Paris.**   **Elle est** ....

Exercise 6   Read what these four people tell you about themselves and then see if you can answer the questions below.

1   **Bonjour! Je suis française – je suis de Clermont-Ferrand. Je suis à Londres pour mon travail.**

2   **Bonjour! Nous sommes français – nous sommes de Chinon. Nous sommes en vacances à Londres.**

3   **Bonjour! Je suis américaine. Je suis de San Francisco. Je suis à Paris pour mon travail.**

4   **Bonjour! Nous sommes deux Américaines. Nous sommes de Chicago. Nous sommes en vacances en Italie.**

Of the four speakers,

		1	2	3	4
a.	Which are women on their own?	☐	☐	☐	☐
b.	Which one is in Paris on business?	☐	☐	☐	☐
c.	Which one is speaking on behalf of herself and another woman?	☐	☐	☐	☐
d.	Which is on holiday in London with someone else?	☐	☐	☐	☐
e.	Which is in Italy?	☐	☐	☐	☐
f.	Which are American?	☐	☐	☐	☐

Exercise 7   Two people meet in the bar at a conference. The lines of their conversation are given in the wrong order. Can you write them out correctly?

Monsieur Meadows	Je suis de New York.
Madame Tessier	Je suis française.
Monsieur Meadows	Bonsoir, Madame.
Madame Tessier	Vous êtes français?
Monsieur Meadows	Vous habitez Paris?
Madame Tessier	Bonsoir, Monsieur.
Monsieur Meadows	Non, je suis américain. Et vous?
Madame Tessier	Non, j'habite Nantes. Et vous?

Madame Tessier	....
Monsieur Meadows	....
Madame Tessier	....
Monsieur Meadows	....
Madame Tessier	....
Monsieur Meadows	....
Madame Tessier	....
Monsieur Meadows	....

Exercise 8   Hidden in the word-square are the French words for:

English (masculine)	goodbye beer
French (feminine)	live (the form which goes with **vous**)
thank you Sir	no yes please
good evening holidays	all the numbers 1–10

The French words are written across (left to right) or down, with some letters used in more than one word. Can you find and circle all the words? (Accents are not usually used in word-squares and crosswords.)

H	A	A	S	I	X	N	T	R	O	I	S
A	U	L	D	I	X	V	W	Q	A	D	I
B	R	B	I	E	R	E	Q	U	A	M	L
I	E	N	D	K	W	M	S	A	N	O	V
T	V	N	E	O	T	E	E	T	G	N	O
E	O	E	U	U	L	R	P	R	L	S	U
Z	I	U	X	I	M	C	T	E	A	I	S
U	R	F	R	C	C	I	N	Q	I	E	P
N	B	O	N	S	O	I	R	A	S	U	L
F	R	A	N	C	A	I	S	E	I	R	A
C	N	O	N	H	U	I	T	D	J	H	I
V	W	V	A	C	A	N	C	E	S	I	T

ANSWERS

Exercise 1
a. 6 **b.** 2 **c.** 9 **d.** 4 **e.** 7 **f.** 8 **g.** 5 **h.** 1 **i.** 3

Exercise 2
a. Merci **b.** C'est **c.** Bière **d.** Londres **e.** Quoi

Exercise 3
Nom: Madame Carter; Prénom: Angela; Nationalité: Anglaise OR Britannique; Vous êtes ici… pour votre travail

Exercise 4
b, **d** and **f** are women, because the adjectives are in the feminine (with an -**e** on the end). The masculine forms would be **français**, **hollandais** and **portugais**.

Exercise 5
a. Il est américain. (Check you remembered the accent – and that it was sloping in the right direction.) **b.** Il est grec. **c.** Il est italien. **d.** Elle est hollandaise. (Remember that feminine adjectives end in an -**e**.) **e.** Elle est portugaise. **f.** Il est anglais. **g.** Elle est française. (Don't forget the cedilla under the **c**.)

Exercise 6
a. 1 and 3 **b.** 3 **c.** 4 **d.** 2 **e.** 4 **f.** 3 and 4

Exercise 7
Madame Tessier	Bonsoir, Monsieur.
Monsieur Meadows	Bonsoir, Madame.
Madame Tessier	Vous êtes français?
Monsieur Meadows	Non, je suis américain. Et vous?
Madame Tessier	Je suis française.
Monsieur Meadows	Vous habitez Paris?
Madame Tessier	Non, j'habite Nantes. Et vous?
Monsieur Meadows	Je suis de New York.

Exercise 8
The hidden words are: anglais, au revoir, bière, française, habitez, merci, monsieur, non, oui, s'il vous plaît, bonsoir, vacances, un, deux, t ois, quatre, cinq, six, sept, huit, neuf, dix

2 YOURSELF AND OTHERS

Je suis dentiste

Exercise 1 *Jobsearch*

If you fill in the job-names across, the shaded vertical column will show another.

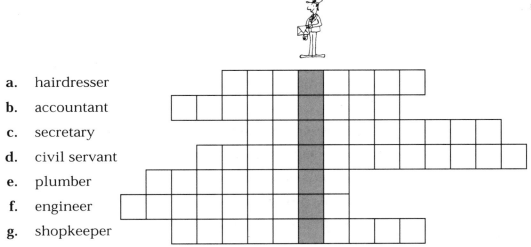

a. hairdresser

b. accountant

c. secretary

d. civil servant

e. plumber

f. engineer

g. shopkeeper

The answers to all the exercises are at the end of the unit.

Exercise 2   Here are some more occupations. Write **Il est ...** or **Elle est ...**
and the appropriate job by each of the pictures.

réceptionniste	dentiste	médecin
professeur	homme d'affaires	

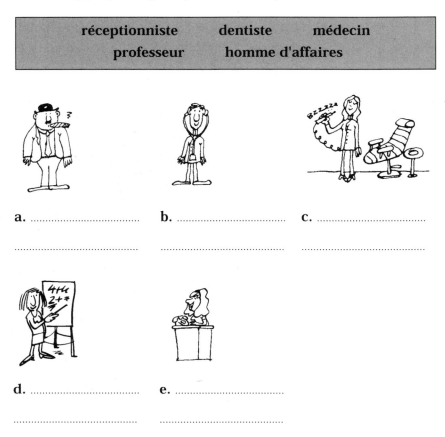

a. ....

b. ....

c. ....

....

....

....

d. ....

e. ....

....

....

Exercise 3   Who is the single mother (**la mère célibataire**) out of these
four sisters?

Claire est la sœur de Julie, de Céline et de Jeanne-Marie.

Claire a deux enfants.

Julie a trois enfants.

Céline n'a pas d'enfants.

Jeanne-Marie a une fille.

Claire et Julie sont mariées.

Céline et Jeanne-Marie ne sont pas mariées.

Exercise 4   What language do all these people have in common? Is any of the languages mentioned spoken by none of them?

New words: **parler** (to speak), **espagnol** (Spanish) and **allemand** (German)

Joanna parle anglais.
Elle parle espagnol.
Elle parle allemand.
Elle ne parle pas français.
Elle ne parle pas italien.
Elle ne parle pas portugais.

Franz parle allemand.
Il parle anglais.
Il parle français.
Il parle espagnol.
Il ne parle pas italien.
Il ne parle pas portugais.

Enrico parle espagnol.
Il parle portugais.
Il ne parle pas anglais.
Il ne parle pas français.
Il ne parle pas allemand.
Il ne parle pas italien.

Sophie parle français.
Elle parle anglais.
Elle parle italien.
Elle parle espagnol.
Elle ne parle pas allemand.
Elle ne parle pas portugais.

Exercise 5 *Let's be negative!*

See if you can fill in the missing vowels in these negative statements. There are clues opposite, but you might like to see if you can fill in some of the missing letters even before you look at the clues.

New word: **la paix** (peace)

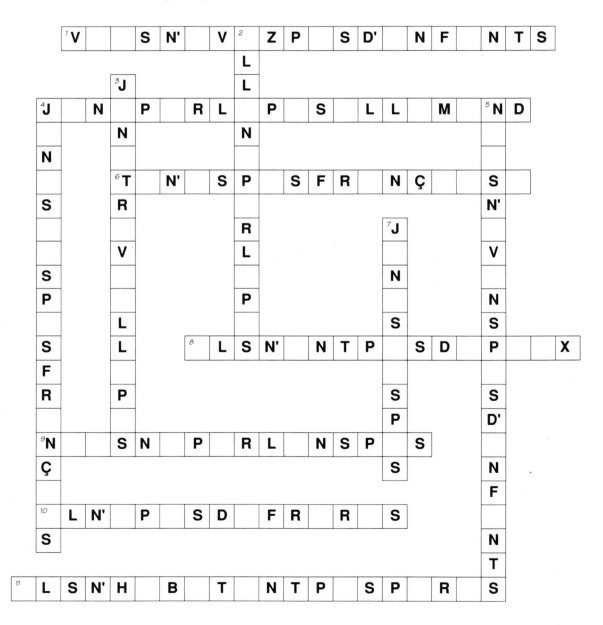

Across

1 You have no children
4 I don't speak German
6 You (a close female friend) are not French
8 They have no peace
9 We are not speaking
10 He has no brothers
11 They don't live in Paris

Down

2 She is not speaking
3 I don't work
4 I (masculine) am not French
5 We don't have any children
7 I don't know

Exercise 6 You have received a particularly annoying mail-shot from a French company claiming (wrongly) to know all about you. As they have sent a reply-paid envelope, you take the trouble to write out a contradiction after each of the claims they make about you (**Non, je ne suis pas français**, etc.).

a. **Vous êtes français.**

....

b. **Vous habitez Versailles.**

....

c. **Vous êtes homme d'affaires.**

....

d. **Vous travaillez dans un bureau à Paris.**

....

e. **Vous êtes marié depuis vingt ans.**

....

f. **Vous avez deux enfants.**

....

g. **Vous parlez allemand.**

....

ANSWERS

Exercise **1**

a. coiffeur **b.** comptable **c.** secrétaire **d.** fonctionnaire
e. plombier **f.** ingénieur **g.** commerçant; **Vertical word:** facteur

Exercise **2**

a. Il est homme d'affaires. **b.** Il est médecin. **c.** Elle est dentiste.
d. Elle est professeur. **e.** Elle est réceptionniste.

Exercise **3**

Jeanne-Marie

Exercise **4**

Spanish; No

Exercise **5**

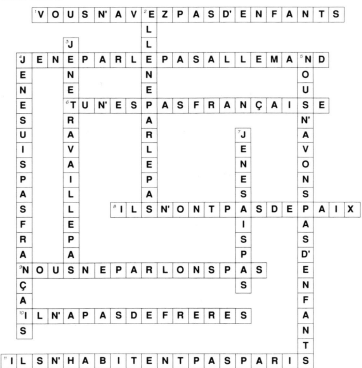

Exercise **6**

a. Non, je ne suis pas français. **b.** Non, je n'habite pas Versailles.
c. Non, je ne suis pas homme d'affaires. **d.** Non, je ne travaille pas
dans un bureau à Paris. **e.** Non, je ne suis pas marié depuis vingt
ans. **f.** Non, je n'ai pas deux enfants. (OR Non, je n'ai pas d'enfants.)
g. Non, je ne parle pas allemand.

And you may have wished to add: **Je suis une femme!**

Exercise 1 Can you complete this card to order breakfast in your hotel room? Between you, you and your family want:

- four full continental breakfasts with
- one white coffee
- one tea
- one hot chocolate
- one cold milk
- four orange juices
- four eggs

Hôtel de la Paix

	Nombre	*En supplément*	*Nombre*
Petit déjeuner complet	☐	Jus de tomate	☐
		Jus d'orange	☐
Café			
– noir	☐	Jambon	☐
– au lait	☐	Œuf	☐
		Fromage	☐
Thé			
– nature	☐		
– au citron	☐		
– au lait	☐		
Chocolat			
– chaud	☐		
– froid	☐		
Lait			
– chaud	☐		
– froid	☐		

The answers to all the exercises are at the end of the unit.

Exercise 2

Can you unscramble this breakfast order for five people?

- **a.** QINC TIPETS JEREDUNES POMLECTS
- **b.** CAVE...
- **c.** NU FACE UA ALTI
- **d.** NU CEAF RONI
- **e.** NU HET AU CRITNO
- **f.** NU TEH VACE UD ALIT DROFI
- **g.** NU TALI DUCHA

Exercise 3

Revising the following words and phrases will help you with the crossword, even though they are not exactly the same as any of the answers:

à boire   to drink / for drinking
la galette au jambon   pancake with ham
le sandwich aux rillettes   potted-meat sandwich
le croque-madame   toasted ham-and-cheese sandwich with
                                                    an egg on top
le sorbet au citron   lemon water-ice

Across

1	What'll you have? **Qu'est-ce que** ....? (4, 6)
3	Seven (4)
4	Pancake with eggs (7, 3, 5)
8	Is it **le** or **la bouteille**? (2)
9	Some beer (2, 2, 5)
10	Cider (5)
12	Is it **le** or **la sandwich**? (2)
16	A soft French cheese (9)
17	Is it **le** or **la pression**? (2)
19	Toasted ham-and-cheese sandwich (6, 8)
20	Is it **le** or **la vodka**? (2)
21	Ham (6)
22	Baked circles of dough with cheese etc. on top (6)
24	Cheese named after a Swiss region (7)
25	Frankfurters in rolls (3, 4)
26	I'll have: **Je** .... (6)
27	Potted meat (9)

Down

2	Liver/poultry spread (4)
3	Sausage (8)
4	Ice-creams (6)
5	Is it **le** or **la petit déjeuner**? (2)
6	Feminine of **un** (3)
7	Blackcurrant water-ice (6, 2, 6)
11	Some (plural) (3)
13	Drink or drinking-place (4)
14	Is it **le** or **la citron**? (2)
15	Cheese (7)
18	To eat / for eating (1, 6)
23	Some (masculine singular) (2)

Exercise 4   The figures in French telephone numbers are said in pairs. For example, the number 01.30.45.31.02 would be said: **zéro un**. **trente**. **quarante-cinq**. **trente et un**. **zéro deux**. Write out how you would say the following telephone numbers in French:

a.   04.50.16.28.07   ....

b.   03.21.13.42.39   ....

c.   02.32.45.50.49   ....

d.   02.38.05.26.41   ....

e.   05.46.33.04.31   ....

f.   02.40.14.15.50   ....

Exercise 5   Fill in the gaps in the conversation using the following phrases. You will need to use one of them twice.

qu'est-ce que	qu'est-ce que vous voulez
qu'est-ce que vous avez	qu'est-ce que vous avez comme

Garçon de café   Bonjour, Madame. .... vous prenez?

Madame Latour   Bonjour, Monsieur. .... à manger, s'il vous plaît?

Garçon de café   A manger? Nous avons des pizzas, des croque-monsieur et des sandwichs.

Madame Latour   .... sandwichs?

Garçon de café   Comme sandwichs: jambon, fromage, pâté, rillettes.

Madame Latour   Un sandwich au jambon, s'il vous plaît.

Garçon de café   Très bien. Et .... boire, Madame?

Madame Latour   .... bière?

Garçon de café   Comme bière nous avons de la pression – c'est une bière allemande – et de la Kronenbourg en bouteilles.

Madame Latour   Une pression, s'il vous plaît.

Garçon de café   Parfait.

Exercise 6 Here are two brief exchanges which you have with your hostess, Madame Trognon. In the first one, all the missing words are parts of the verb **prendre**. In the second, they are **du**, **de la** and **des**. Can you fill in the gaps correctly? You may not know the word for 'bread': **le pain**.

First exchange

Madame Trognon Qu'est-ce que vous .... pour le petit déjeuner?

Vous Patrick .... du café noir. Les enfants ....

du chocolat chaud. Et moi je .... un thé avec du lait

froid, s'il vous plaît.

Second exchange

Madame Trognon Alors, qu'est-ce que vous avez pour le pique-nique?

Vous .... jambon, ... fromage,

.... pain, ... bière, ... coca,

.... oranges et .... chocolat.

ANSWERS

Exercise **1**

Petit déjeuner complet 4; Café au lait 1; Thé au lait 1; Chocolat chaud 1; Lait froid 1; Jus d'orange 4; Œuf 4

Exercise **2**

a. cinq petits déjeuners complets   **b.** avec...   **c.** un café au lait   **d.** un café noir   **e.** un thé au citron   **f.** un thé avec du lait froid   **g.** un lait chaud

Exercise **3**

Exercise **4**

a. zéro quatre. cinquante. seize. vingt-huit. zéro sept   **b.** zéro trois. vingt et un. treize. quarante-deux. trente-neuf   **c.** zéro deux. trente-deux. quarante-cinq. cinquante. quarante-neuf   **d.** zéro deux. trente-huit. zéro cinq. vingt-six. quarante et un   **e.** zéro cinq. quarante-six. trente-trois. zéro quatre. trente et un   **f.** zéro deux. quarante. quatorze. quinze. cinquante

Exercise **5**

qu'est-ce que; qu'est-ce que vous avez; qu'est-ce que vous avez comme; qu'est-ce que vous voulez; qu'est-ce que vous avez comme

Exercise **6**

First exchange

Madame Trognon   Qu'est-ce que vous prenez pour le petit déjeuner?
Vous   Patrick prend du café noir. Les enfants prennent du chocolat chaud. Et moi je prends un thé avec du lait froid, s'il vous plaît.

Second exchange

Madame Trognon   Alors, qu'est-ce que vous avez pour le pique-nique?
Vous   Du jambon, du fromage, du pain, de la bière, du coca, des oranges et du chocolat.

GETTING SOMEWHERE TO STAY

Exercise 1 *Fishing for information*

Which reply is each of the questions angling for?

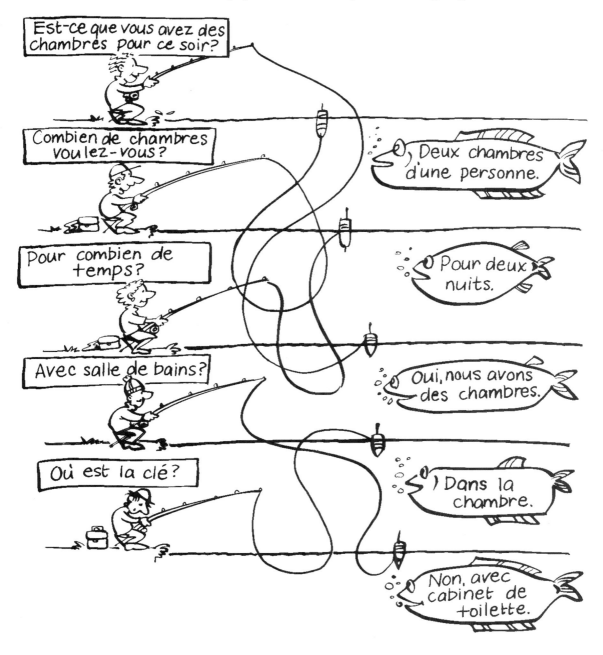

Exercise 2 In these sentences, all the words beginning with the letter **c** have been removed and put in the box below. Can you put them back in the correct gaps?

a. Où peut-on .... des .... de voyage, s'il vous plaît?

b. Vous voulez une .... avec douche ou avec .... de toilette?

c. Je ne .... pas – je suis anglais.

d. Vous pouvez me .... par lettre?

e. .... de jours vous voulez rester?

confirmer	cabinet	chèques	combien
changer	comprends	chambre	

Exercise 3 Read this conversation between a customer and a hotel receptionist and then see if you can write in French the answers to the questions on p.21.

Client	Bonjour, Monsieur.
Réceptionniste	Bonjour, Monsieur.
Client	Vous avez des chambres pour ce soir, s'il vous plaît?
Réceptionniste	Oui. Qu'est-ce que vous voulez comme chambre?
Client	Une chambre avec salle de bains.
Réceptionniste	Pour combien de personnes?
Client	Pour une personne.
Réceptionniste	Et pour combien de nuits?
Client	Une nuit seulement.
Réceptionniste	Très bien.
Client	C'est combien, la chambre?
Réceptionniste	100 euros la chambre, plus 8 euros le petit déjeuner.
Client	D'accord.
Réceptionniste	Je vais vous donner la chambre seize. C'est la troisième porte à gauche.

a. **Est-ce que l'hôtel a des chambres pour ce soir?** ....

b. **Qu'est-ce que le client désire comme chambre?**

....

c. **La chambre est pour combien de personnes?** ....

d. **Le client reste combien de nuits?** ....

e. **C'est combien, la chambre?** ....

f. **Où est la chambre 16?** ....

Exercise 4   Now write in the gaps what you would say to the receptionist if you wanted

● a room for tonight
● with shower
● for two people
● for three nights

When you have done all that, ask how much the room is.

Vous   Bonjour, Monsieur.

Réceptionniste   Bonjour, Messieurs-dames.

Vous   ....

Réceptionniste   Oui. Qu'est-ce que vous voulez comme chambre?

Vous   ....

Réceptionniste   D'accord. Pour combien de personnes?

Vous   ....

Réceptionniste   Et pour combien de nuits?

Vous   ....

Réceptionniste   Très bien.

Vous   ....

Réceptionniste   110 euros par nuit, plus le petit déjeuner.

Exercise 5   You are with a party of British people who do not speak French. The hotel receptionist does not speak English, so you need to give everybody's room number in order for them to get their keys. The number is usually preceded by **la**, because either **la clé** or **la chambre** is understood. For example, 'Twenty-one, please' is **La vingt et un, s'il vous plaît**. How will you ask for these keys?

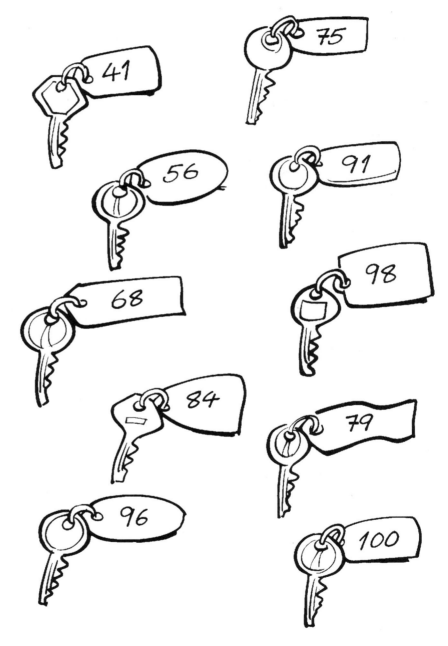

Exercise 6

Hidden in the word-square are the French words for:

letter	to the right	black	seventy-six
to confirm	full up (plural)	man	first
bathroom	to sell	week	how many
time	(I) understand	spaces	certainly
surname	toilets	days	to give
two expressions meaning 'sorry'			

The French words are written across (left-to-right) or down, and many of the letters are used in more than one word. Can you circle them all?

A	S	A	L	L	E	D	E	B	A	I	N	S
R	J	T	T	W	K	L	M	I	E	E	C	O
P	L	S	E	M	A	I	N	E	A	B	E	I
P	O	L	M	H	G	A	S	N	O	M	Q	X
C	O	M	P	R	E	N	D	S	F	G	D	A
O	P	L	S	A	N	O	D	U	S	J	O	N
M	E	T	V	Y	O	I	T	R	N	O	N	T
P	R	E	M	I	E	R	W	D	T	U	N	E
L	A	D	R	O	I	T	E	P	O	R	E	S
E	X	C	U	S	E	Z	M	O	I	S	R	E
T	P	A	R	D	O	N	A	M	L	N	N	I
S	D	C	O	N	F	I	R	M	E	R	L	Z
C	O	M	B	I	E	N	A	T	T	E	N	E
H	O	M	M	E	L	L	E	T	T	R	E	V
A	B	L	M	V	E	N	D	R	E	A	N	D
P	E	M	R	P	L	A	C	E	S	A	W	E

ANSWERS

Exercise 1

Est-ce que vous avez des chambres pour ce soir? / Oui, nous avons des chambres.
Combien de chambres voulez-vous? / Deux chambres d'une personne.
Pour combien de temps? / Pour deux nuits.
Avec salle de bains? / Non, avec cabinet de toilette.
Où est la clé? / Dans la chambre.

Exercise 2

a. changer / chèques **b.** chambre / cabinet **c.** comprends
d. confirmer **e.** combien

Exercise 3

a. oui **b.** une chambre avec salle de bains **c.** pour une personne
d. une nuit **e.** 100 euros (plus 8 euros le petit déjeuner)
f. la troisième porte à gauche

Exercise 4

Your wording may be correct without necessarily being exactly the same as this:
Vous avez une chambre pour ce soir, s'il vous plaît? / Une chambre avec douche. / (Pour) deux personnes. / (Pour) trois nuits. / C'est combien (la chambre)?

Exercise 5

41 – La quarante et un, s'il vous plaît. / 56 – La cinquante-six, s'il vous plaît. / 68 – La soixante-huit, s'il vous plaît. / 84 – La quatre-vingt-quatre, s'il vous plaît. / 96 – La quatre-vingt-seize, s'il vous plaît. / 75 – La soixante-quinze, s'il vous plaît. / 91 – La quatre-vingt-onze, s'il vous plaît. / 98 – La quatre-vingt-dix-huit, s'il vous plaît. / 79 – La soixante-dix-neuf, s'il vous plaît. / 100 – La cent, s'il vous plaît.

Exercise 6

A	S	A	L	L	E	D	E	B	A	I	N	S
R	J	T	T	W	K	L	M	I	E	E	C	O
P	L	S	E	M	A	I	N	E	A	B	E	I
P	O	L	M	H	G	A	S	N	O	M	Q	X
C	O	M	P	R	E	N	D	S	F	G	D	A
O	P	L	S	A	N	O	D	U	S	J	O	N
M	E	T	V	Y	O	I	T	R	N	O	N	T
P	R	E	M	I	E	R	W	D	T	U	N	E
L	A	D	R	O	I	T	E	P	O	R	E	S
E	X	C	U	S	E	Z	M	O	I	S	R	E
T	P	A	R	D	O	N	A	M	L	N	N	I
S	D	C	O	N	F	I	R	M	E	R	L	Z
C	O	M	B	I	E	N	A	T	T	E	N	E
H	O	M	M	E	L	L	E	T	T	R	E	V
A	B	L	M	V	E	N	D	R	E	A	N	D
P	E	M	R	P	L	A	C	E	S	A	W	E

5 DIRECTIONS

Exercise 1   Which preposition belongs in which gap?

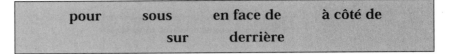

pour	sous	en face de	à côté de
	sur	derrière	

a. La clé est .... la table.

d. C'est .... vous.

b. Ils dansent .... le pont.

e. Jean est .... Marie.

c. Chez les éléphants, l'enfant marche .... la mère.

(**chez** here means 'among' or 'in the kingdom of')

f. Jean est .... Marie.

Exercise 2   Here are some road signs and explanations of them, taken from the French Highway Code. Which explanation goes with which sign?

New words: **le panneau** (sign) and **prochain(e)** (next)

LES PANNEAUX D'OBLIGATION

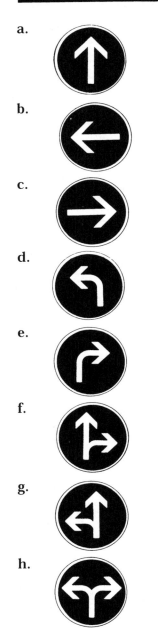

a.

b.

c.

d.

e.

f.

g.

h.

1. Directions obligatoires à la prochaine intersection: tout droit ou à droite.

2. Direction obligatoire à la prochaine intersection: tout droit.

3. Direction obligatoire à la prochaine intersection: à gauche.

4. Direction obligatoire à la prochaine intersection: à droite.

5. Obligation de tourner à droite avant le panneau.

6. Directions obligatoires à la prochaine intersection: à droite ou à gauche.

7. Obligation de tourner à gauche avant le panneau.

8. Directions obligatoires à la prochaine intersection: tout droit ou à gauche.

Exercise 3 Draw a line connecting each of the figures with the corresponding speech balloon.

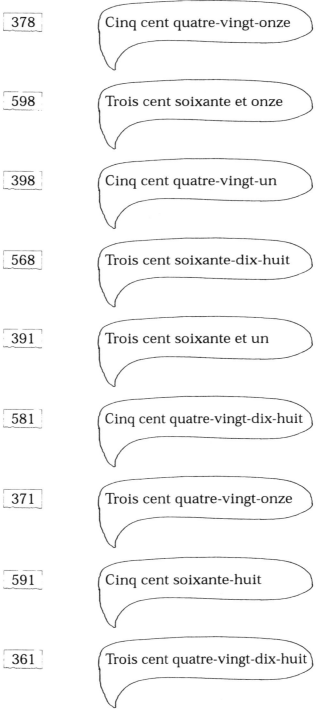

378

Cinq cent quatre-vingt-onze

598

Trois cent soixante et onze

398

Cinq cent quatre-vingt-un

568

Trois cent soixante-dix-huit

391

Trois cent soixante et un

581

Cinq cent quatre-vingt-dix-huit

371

Trois cent quatre-vingt-onze

591

Cinq cent soixante-huit

361

Trois cent quatre-vingt-dix-huit

Exercise 4 You are going on a conference which is being held in a French university hall of residence (**une résidence universitaire**). You ask a French colleague **Pour aller à la résidence?** and you are given the following directions from the town centre:

Du centre-ville, vous prenez la direction de Paris. Vous traversez le Pont St-Michel. Après le pont, vous prenez la troisième à droite, et puis vous tournez à gauche. Vous allez tout droit pendant deux cents mètres et puis vous trouverez la résidence universitaire sur votre gauche.

If the directions are correct, which of the buildings 1–8 on the map is the hall of residence?

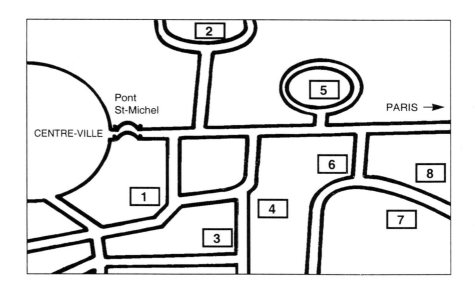

Exercise 5 Some of the participants want to go out to the restaurant which is marked on the map as number 2.
Assuming that you went in the right direction to start with, can you give them directions from the hall of residence? The framework on the next page should help you. (The words **ensuite** and **puis** both mean 'then'.)

a. **Vous allez** ....

b. **Vous prenez la** .... **à** ....

c. **Ensuite, vous prenez la** .... **à** .... :

   c'est dans la direction du ....

d. **Vous prenez la** .... **à** .... **et puis la**

   .... **à** ....

e. **Et là, vous trouverez le restaurant sur votre** ....

Exercise 6   Here are two sets of directions for travel on the Paris métro. Write out how Béatrice would have given the same directions to someone she called **tu**.

a. *Alphonse* Pour aller à Montmartre?
   Béatrice De l'Étoile, vous prenez le métro, direction Nation. Vous descendez à Anvers et puis vous continuez à pied.

   ....
   ....
   ....
   ....

b. *Jean-Luc* Pour aller à la gare Montparnasse?
   Béatrice De l'Étoile, vous prenez la direction Château de Vincennes. Vous changez à Champs Élysées Clemenceau. Là, vous reprenez la direction Châtillon-Montrouge et vous allez jusqu'à Montparnasse-Bienvenüe.

   ....
   ....
   ....
   ....
   ....
   ....

Exercise 7   French friends have sent you these directions to their house. Can you translate them for your partner, who does not understand French?

> Du centre-ville, vous prenez la direction de QUIMPER. Vous passez devant la cathédrale et vous faites un kilomètre. Là, vous avez l'église ST. PAUL sur votre droite. Vous continuez tout droit et puis vous prenez la deuxième à gauche après l'église – c'est la rue MAZARIN. Ensuite, c'est la première à droite – c'est la rue GILBERT. Nous sommes à 300 mètres sur la gauche.

....

....

....

....

....

....

....

....

....

....

ANSWERS

Exercise 1

a. sous   **b.** sur   **c.** derrière   **d.** pour   **e.** à côté de   **f.** en face de

Exercise 2

a. 2   **b.** 7   **c.** 5   **d.** 3   **e.** 4   **f.** 1   **g.** 8   **h.** 6

Exercise 3

378 – Trois cent soixante-dix-huit
598 – Cinq cent quatre-vingt-dix-huit
398 – Trois cent quatre-vingt-dix-huit
568 – Cinq cent soixante-huit
391 – Trois cent quatre-vingt-onze
581 – Cinq cent quatre-vingt-un
371 – Trois cent soixante et onze
591 – Cinq cent quatre-vingt-onze
361 – Trois cent soixante et un

Exercise 4

8

Exercise 5

a. tout droit   **b.** première / droite   **c.** première / gauche / centre-ville
d. deuxième / droite / première / droite   **e.** gauche

Exercise 6

a De l'Étoile, tu prends le métro, direction Nation. Tu descends à Anvers et puis tu continues à pied.
b. De l'Étoile, tu prends la direction Château de Vincennes. Tu changes à Champs Élysées Clemenceau. Là, tu reprends la direction Châtillon-Montrouge et tu vas jusqu'à Montparnasse-Bienvenüe.

Exercise 7

A literal translation would run: From the town centre, you take the Quimper direction. You pass in front of the cathedral and you do one kilometre. There, you have St Paul's church on your right. You continue straight on and then you take the second on the left after the church – that is the rue Mazarin. Then it's the first on the right – that's the rue Gilbert. We are 300 metres along on the left.

6 | TIME

Exercise 1   Can you put these events in chronological order?

a. J'arrive au bureau vers neuf heures moins le quart. ☐

b. Nous prenons le petit déjeuner à huit heures moins dix. ☐

c. Les enfants vont à l'école à huit heures et demie. ☐

d. Je prends une douche vers sept heures. ☐

e. Mon travail commence à neuf heures. ☐

f. Les enfants ont la salle de bains de sept heures et quart à huit heures moins le quart. ☐

Exercise 2   One evening you find that everybody's watch says something different. Here are the times that people give you. Which of them are within five minutes of the correct time of 9.30?

a. Il est dix heures moins le quart. ☐

b. Il est dix heures moins vingt-cinq. ☐

c. Il est vingt et une heures vingt-neuf. ☐

d. Il est vingt et une heures trente-sept. ☐

e. Il est neuf heures et demie. ☐

f. Il est vingt-deux heures trente. ☐

Exercise 3   Can you write out the times shown, assuming that they are all p.m.? It does not matter whether you use the 12-hour or the 24-hour system. (For the first one, for example, you can put either **Il est onze heures et demie** or **Il est vingt-trois heures trente**.)

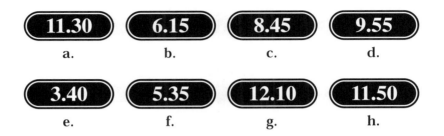

11.30	**6.15**	**8.45**	**9.55**
a.	b.	c.	d.
3.40	**5.35**	**12.10**	**11.50**
e.	f.	g.	h.

a. ....

b. ....

c. ....

d. ....

e. ....

f. ....

g. ....

h. ....

Exercise 4   Fill in the French names for the days of the week. 1 = Monday, 2 = Tuesday, etc.

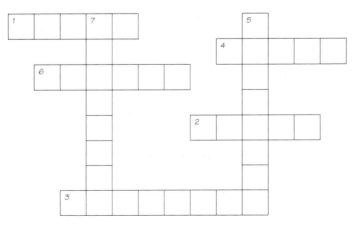

Exercise 5   This time, fill in the names of the months. 1 = January, 2 = February, etc. (Note: in the grid, 1 = down, 7 = across.)

Exercise 6   See if you can match up the questions and the answers.

 a. **Quelle heure est-il?**

 b. **A quelle heure est-ce que le train part?**

 c. **Il est en retard?**

 d. **Ça fait combien?**

 e. **De quelle heure à quelle heure est-ce que c'est ouvert?**

 1 **58 euros.**

 2 **A dix-neuf heures trente-neuf.**

 3 **Il est dix-neuf heures.**

 4 **De sept heures du matin à onze heures du soir.**

 5 **Oui.**

Exercise 7   French friends ask the birthdays of all your family. Write out in full how you would tell them, following the model of the first one.

Michael: 27 March   **L'anniversaire de Michael, c'est le vingt-sept mars.**

Gerard: 14 May   ....

Greg: 1 January   ....

Fiona: 13 August   ....

Marianne: 3 April   ....

Peter: 1 July   ....

Liz: 14 February   ....

Exercise 8   You are writing a card to French friends to encourage them to come and visit you – preferably while your children are on holiday from school. See if you can add to the card, in French, the information that the children are on holiday:

from 20 December to 6 January   from 25 February to 1 March
from 8 to 23 April   from 24 May to 1 June
from 22 July to 7 September   from 29 October to 3 November

Remember that 'from ... to' is **de ... à**. And remember what happens when **de** or **à** is followed by **le**:

de + le → du   **à + le → au**

The usual way of writing **premier** in figures is 1er.

> *Merci beaucoup de la carte de Biarritz. Oui, venez en Angleterre! Les enfants sont en vacances:*
>
> *du 20 décembre au 6 janvier*
> ....
> ....
> ....
> ....
> ....
> *Venez quand vous voulez!*

ANSWERS

Exercise **1**

a. 5 **b.** 3 **c.** 4 **d.** 1 **e.** 6 **f.** 2

Exercise **2**

b, c, e

Exercise **3**

a. Il est onze heures et demie. OR Il est vingt-trois heures trente.
b. Il est six heures et quart. OR Il est dix-huit heures quinze.
c. Il est neuf heures moins le quart. OR Il est vingt heures quarante-cinq.
d. Il est dix heures moins cinq. OR Il est vingt et une heures cinquante-cinq.
e. Il est quatre heures moins vingt. OR Il est quinze heures quarante.
f. Il est six heures moins vingt-cinq. OR Il est dix-sept heures trente-cinq.
g. Il est midi dix. OR Il est douze heures dix.
h. Il est minuit moins dix. OR Il est vingt-trois heures cinquante.

Exercise **4**   Exercise **5**

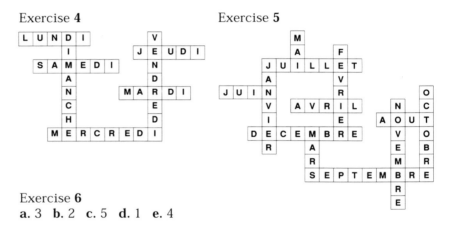

Exercise **6**

a. 3 **b.** 2 **c.** 5 **d.** 1 **e.** 4

Exercise **7**

L'anniversaire de Gerard, c'est le quatorze mai. / L'anniversaire de Greg, c'est le premier janvier. / L'anniversaire de Fiona, c'est le treize août. / L'anniversaire de Marianne, c'est le trois avril. / L'anniversaire de Peter, c'est le premier juillet. / L'anniversaire de Liz, c'est le quatorze février.

Exercise **8**

du 20 décembre au 6 janvier; du 25 février au 1er mars; du 8 au 23 avril; du 24 mai au 1er juin; du 22 juillet au 7 septembre; du 29 octobre au 3 novembre

7 SHOPPING FOR FOOD

Exercise 1 Here is part of an advertising brochure from a firm selling frozen foods. (Note that the **pommes rissolées en cubes** are actually *pommes de terre*, not apples.)

LES LEGUMES

Pommes cubes rissolées

préfrites, Picard, le sac de 1 kg

Epinards en branches
(2 plaques de 500g)
la boîte de 1 kg

Pommes rissolées en cubes
en cubes préfrites,
Picard, le sac de 1 kg

Petits pois doux extra-fins et jeunes carottes
le sac de 1 kg

Printanière de légumes
(haricots verts, carottes,
pommes de terre,
pois, oignons) le sac de 1 kg

Mélange méditerranéen
(riz, carottes, courgettes, pois chiches,
raisins secs, poivrons rouges)
le sac de 1 kg

Poêlée à la provençale
(fenouil, tomates, courgettes,
aubergines, oignons, olives noires,
avec sachet d'aromates)
la boîte de 450g

Gratin d'aubergines
Picard,
la boîte de 450g

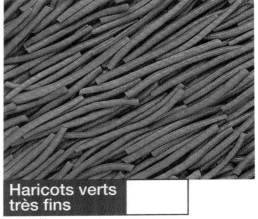

Haricots verts très fins

le sac de 1 kg

a. Find the French for each of the following:

Mediterranean mixture .... fennel ....

Provençal stir-fry .... young carrots ....

red peppers .... raisins ....

black olives .... seasoning sachet ....

green beans .... spinach 'on the stem' ....

onions ....

b. What is the approximate French equivalent to 'one-pound tin'?

....

Exercise 2   Can you write out these prices in figures?

Example   **deux cent trente-deux euros**: **232€**

It is also often written 232,00. (The zeros after the comma refer to **cents**.)

a.   **cent soixante-treize euros**   ....

b.   **quinze euros**   ....

c.   **cent soixante et onze euros**   ....

d.   **soixante-dix-sept euros**   ....

e.   **quatre-vingt-un euros**   ....

f.   **deux cent quatre-vingt-seize euros**   ....

Exercise 3   Now can you write these prices out in words?

Example   **55,00€:**   **cinquante-cinq euros**

a.   79,00   ....

b.   81,00   ....

c.   93,00   ....

d.   376,00   ....

e.   692,00   ....

f.   717,00   ....

g.   999,00   ....

h.   1000,00   ....

Exercise 4   Underline the correct forms of the adjectives in brackets in the following conversation between a shopkeeper and a customer. (Note: **fait** is used to mean 'ripe' when referring to cheese.)

Commerçant	Bonjour, Madame.
Cliente	Bonjour, Monsieur. Je voudrais une bouteille de muscadet, s'il vous plaît.
Commerçant	Oui, bien sûr, Madame. Voilà: un [bon/bonne/bons/bonnes] [petit/petite/petits/petites] muscadet de-sèvre-et-maine.
Cliente	Merci. Et puis, je voudrais un camembert bien [fait/faite/faits/faites], s'il vous plaît.
Commerçant	D'accord ... voilà.
Cliente	Et puis cinq bananes.
Commerçant	Voilà.
Cliente	Mais ces bananes sont [noir/noire/noirs/noires]!
Commerçant	Elles sont très [mûr/mûre/mûrs/mûres], effectivement.
Cliente	Alors, je ne prends pas de bananes. Vous me donnez un kilo de pommes, s'il vous plaît.
Commerçant	Des [petit/petite/petits/petites] ou des [gros/grosse/gros/grosses], Madame?
Cliente	Des [gros/grosse/gros/grosses], s'il vous plaît.
Commerçant	Voilà. Ce sera tout?
Cliente	Oui, ce sera tout. Merci.

Exercise 5 Here are some advertisements for food shops on the Rhuys peninsula (**la presqu'île de Rhuys**) in Brittany. You won't know all the words in them, but see if you can understand enough to answer the questions.

a. How many of these shops are bakeries?

....

b. Which one is also a pancake house?

....

c. What is the name of the supermarket?

....

d. What is the French word for 'fish shop'?

....

e. Which shop advertises its ice-creams?

....

f. Which shop is in a street opposite the town car park?

....

Exercise 6   When you are in France, it is a good idea to write your shopping list in French, so that you know what to ask for when you are in the shop. Have a go at this one, writing out **un/une** in full to remind yourself of the genders.

a bag of carrots	....
a cabbage	....
a cauliflower	....
250g of mushrooms	....
two avocados	....
a pound of tomatoes	....
a lettuce	....
a pound of green beans	....
a grapefruit	....
a pound of plums	....
250g of raspberries	....
500g of strawberries	....
a pineapple	....
a kilo of grapes	....
four bananas	....
four peaches	....
a bottle of dry white wine	....
a bottle of dry champagne	....
six bottles of mineral water	....

ANSWERS

Exercise 1

a. mélange méditerranéen; poêlée à la provençale; poivrons rouges; olives noires; haricots verts; oignons; fenouil; jeunes carottes; raisins secs; sachet d'aromates; épinards en branche

b. (la) boîte de 450g

Exercise 2

a. 173€   **b.** 15€   **c.** 171€   **d.** 77€   **e.** 81€   **f.** 296€

Exercise 3

a. soixante-dix-neuf euros   **b.** quatre-vingt-un euros   **c.** quatre-vingt-treize euros   **d.** trois cent soixante-seize euros   **e.** six cent quatre-vingt-douze euros   **f.** sept cent dix-sept euros   **g.** neuf cent quatre-vingt-dix-neuf euros   **h.** mille euros

Exercise 4

bon / petit / fait / noires / mûres / petites / grosses / grosses

Exercise 5

a. 3   **b.** J. Layec   **c.** Comod   **d.** poissonnerie   **e.** A la Gourmandise   **f.** Comod

Exercise 6

un sac de carottes; un chou; un chou-fleur; 250g de champignons; deux avocats; une livre de tomates; une salade (OR une laitue); une livre de haricots verts (it is **de** rather than **d'** because **haricots** is one of the few words beginning with 'h' which are treated as if they started with a consonant); un pamplemousse; une livre de prunes; 250g de framboises; 500g de fraises; un ananas; un kilo de raisins; quatre bananes; quatre pêches; une bouteille de vin blanc sec; une bouteille de champagne brut; six bouteilles d'eau minérale

8 MORE ABOUT SHOPPING

Exercise 1 Study the word-square and see if you can circle French words for:

hat	jacket	sweater
tie	scarf	shirt
trousers	shorts	skirt
dress	petticoat	bra
tights	stocking	sock
shoe	underpants	raincoat

C	R	A	V	A	T	E	R	S	F	J	H	A
H	N	P	E	D	S	J	O	J	O	B	A	S
A	R	U	S	V	A	U	B	L	U	E	N	T
U	I	L	T	N	E	P	E	S	L	I	P	C
S	S	L	E	D	A	O	Y	H	A	I	M	O
S	O	U	T	I	E	N	G	O	R	G	E	L
E	C	H	E	M	I	S	E	R	D	I	J	L
T	C	H	A	P	E	A	U	T	S	S	U	A
T	Y	C	H	A	U	S	S	U	R	E	P	N
E	O	P	A	N	T	A	L	O	N	U	E	T
K	I	M	P	E	R	M	E	A	B	L	E	Z

The French words are written across (left-to-right) or down; a number of the letters are used in more than one word.

Exercise 2

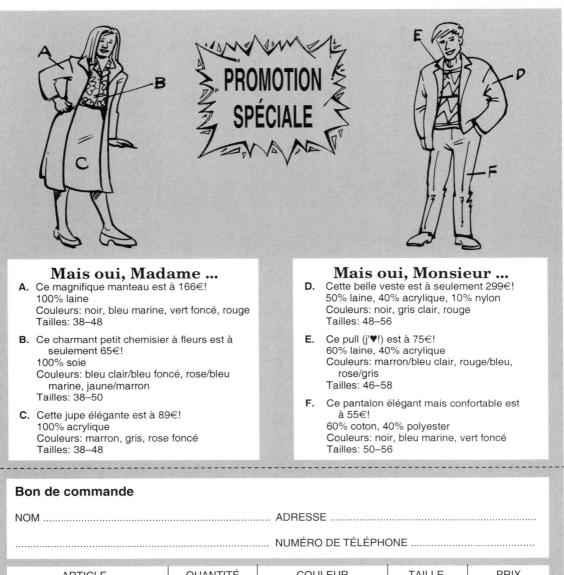

Mais oui, Madame ...

A. Ce magnifique manteau est à 166€!
100% laine
Couleurs: noir, bleu marine, vert foncé, rouge
Tailles: 38–48

B. Ce charmant petit chemisier à fleurs est à
seulement 65€!
100% soie
Couleurs: bleu clair/bleu foncé, rose/bleu
marine, jaune/marron
Tailles: 38–50

C. Cette jupe élégante est à 89€!
100% acrylique
Couleurs: marron, gris, rose foncé
Tailles: 38–48

Mais oui, Monsieur ...

D. Cette belle veste est à seulement 299€!
50% laine, 40% acrylique, 10% nylon
Couleurs: noir, gris clair, rouge
Tailles: 48–56

E. Ce pull (j'♥!) est à 75€!
60% laine, 40% acrylique
Couleurs: marron/bleu clair, rouge/bleu,
rose/gris
Tailles: 46–58

F. Ce pantalon élégant mais confortable est
à 55€!
60% coton, 40% polyester
Couleurs: noir, bleu marine, vert foncé
Tailles: 50–56

Bon de commande

NOM .... ADRESSE ....

.... NUMÉRO DE TÉLÉPHONE ....

ARTICLE	QUANTITÉ	COULEUR	TAILLE	PRIX

See if you can fill in the order-form (**le bon de commande**) to order:

1 coat in black: size 44 (= British size 16)
1 blouse in pink/navy: size 44
1 skirt in grey: size 44
1 jacket in red: size 54 (= British size 44)
1 sweater in brown/light blue: size 54
1 pair of trousers in dark green: size 54

Note   You say **Le pantalon est gris** but **La jupe est grise**. However, on a form like this, you can write either **gris** or **grise** as the colour for **la jupe**. The logic behind this is that you can ask either for **une jupe grise** or for **une jupe en gris**.

Exercise 3   Which of these phrases belongs in each of the gaps? (Remember that **trop** means 'too ...' and **plus ... que** means 'more ... than' – and look to see whether the garments being described are masculine or feminine, singular or plural.)

> **plus petit**   **plus petite**   **plus petits**   **plus petites**
> **trop petit**   **trop petite**   **trop petits**

a.   **Ce pantalon est** .... **pour moi.**

b.   **Cette robe est** .... **pour toi.**

c.   **Ces vêtements sont** .... **.**

d.   **La chemise blanche est** .... **que la chemise noire.**

e.   **Les chaussettes blanches sont** .... **que les chaussettes noires.**

f.   **Le manteau noir est** .... **que le manteau blanc.**

g.   **Les bas blancs sont** .... **que les bas noirs.**

Exercise 4   Here are the shops in an arcade.

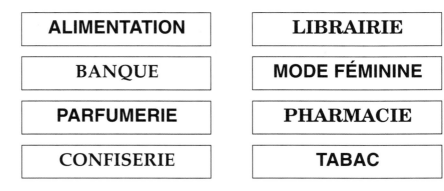

ALIMENTATION	LIBRAIRIE
BANQUE	MODE FÉMININE
PARFUMERIE	PHARMACIE
CONFISERIE	TABAC

And here is your shopping list. Which of the things on it are you *unlikely* to find in these shops?

du saucisson   des chocolats
une robe   des chèques de voyage
la Bible   des timbres
des fleurs   de l'aspirine
de l'eau de toilette

Exercise 5   Our friend here is full of aches and pains. Can you write each of his complaints in the appropriate spaces?

> J'ai mal au dos.   J'ai mal aux pieds.   J'ai mal à la gorge.
> J'ai mal à la tête.   J'ai mal au ventre.   J'ai mal aux dents.

Exercise 6   Here is the skeleton of a conversation between a pharmacist and a customer. The customer's lines are given in the box, out of order. Can you write them out in the correct gaps?

> **En comprimés.**   **Oui – c'est pour moi.**
>
> **Je voudrais aussi quelque chose contre la diarrhée.**
>
> **Bonjour, Madame. Vous avez quelque chose contre le mal de tête, s'il vous plaît?**
>
> **D'accord.**   **Oui, ce sera tout. Merci.**
>
> **Ah non, je ne peux pas prendre d'aspirine.**

Pharmacien	Bonjour, Monsieur.
Client	....
	....
Pharmacien	Vous voulez de l'aspirine?
Client	....
Pharmacien	Du paracétamol, alors?
Client	....
Pharmacien	En comprimés ou en suppositoires?
Client	....
Pharmacien	Voilà. Ce sera tout?
Client	....
Pharmacien	C'est pour un adulte?
Client	....
Pharmacien	Voilà. Ce sera tout?
Client	....

ANSWERS

Exercise 1

C	R	A	V	A	T	E	R	S	F	J	H	A
H	N	P	E	D	S	J	O	J	O	B	A	S
A	R	U	S	V	A	U	B	L	U	E	N	T
U	I	L	T	N	E	P	E	S	L	I	P	C
S	S	L	E	D	A	O	Y	H	A	I	M	O
S	O	U	T	I	E	N	G	O	R	G	E	L
E	C	H	E	M	I	S	E	R	D	I	J	L
T	C	H	A	P	E	A	U	T	S	S	U	A
T	Y	C	H	A	U	S	S	U	R	E	P	N
E	O	P	A	N	T	A	L	O	N	U	E	T
K	I	M	P	E	R	M	E	A	B	L	E	Z

Exercise 2

ARTICLE	QUANTITÉ	COULEUR	TAILLE	PRIX
Manteau	1	noir	44	166€
Chemisier	1	rose/bleu marine	44	65€
Jupe	1	gris(e)	44	89€
Veste	1	rouge	54	299€
Pull	1	marron/bleu clair	54	75€
Pantalon	1	vert foncé	54	55€

Exercise 3

a. Ce pantalon est trop petit pour moi.   **b.** Cette robe est trop petite pour toi.   **c.** Ces vêtements sont trop petits.   **d.** La chemise blanche est plus petite que la chemise noire.   **e.** Les chaussettes blanches sont plus petites que les chaussettes noires.   **f.** Le manteau noir est plus petit que le manteau blanc.   **g.** Les bas blancs sont plus petits que les bas noirs.

Exercise 4

des fleurs

Exercise 5

a. J'ai mal à la tête.   **b.** J'ai mal à la gorge.   **c.** J'ai mal au ventre.
d. J'ai mal aux dents.   **e.** J'ai mal au dos.   **f.** J'ai mal aux pieds.

Exercise 6

Bonjour, Madame. Vous avez quelque chose contre le mal de tête, s'il vous plaît? / Ah non, je ne peux pas prendre d'aspirine. / D'accord. / En comprimés. / Je voudrais aussi quelque chose contre la diarrhée. / Oui – c'est pour moi. / Oui, ce sera tout. Merci.

9 MAKING TRAVEL ARRANGEMENTS

Exercise 1   Here is a letter from a French friend who is coming to stay with you.

> Saint - Aignan, le 4 juin.
>
> Chers amis,
>
>   Bonjour de Saint - Aignan !
> Merci de votre lettre. Oui - j'ai mon billet.
> Je prends donc l'avion de Paris. Charles de
> Gaulle à midi le dimanche 5 juillet et j'arrive
> à Heathrow, également à midi - magique, non ?
> C'est un vol Air France (numéro AF 973).
> Qu'est - ce que je dois faire pour aller chez vous ?
> Est - ce qu'il y a un train ? Ou est - ce que
> vous pouvez venir me chercher à l'aéroport ?
>
>   A bientôt,
>
>   Catherine.

a. Has she booked her ticket yet?

....

b. On which day of the week and date is she coming?

....

c. At what time is her flight due in at Heathrow?

....

d. Why does she jokingly describe the flight times as magic?

....

e. What do you need to write and tell her?

....

....

Exercise 2 This brochure gives details of boat trips round the Gulf of Morbihan in southern Brittany.

Le GRAND TOUR du GOLFE
avec escale à l'Ile aux Moines

Embarquement Port de Larmor-Baden

Juillet · Août · Septembre

9h45 Rivière d'Auray + Tour du Golfe circuit 55km **21€**

Les mardis et jeudis du 8 juillet au 28 août
Circuit le plus complet : Remontée de la rivière d'Auray jusqu'aux ponts du Bono suivi du tour du Golfe avec escale à l'Ile aux Moines de 2h00 ou 4h00.
Arrivée à Larmor-Baden 14 h 45 ou 16 h 45.

11h00 Tour du Golfe circuit 35km **15€**

Tous les jours du 1er juillet au 14 septembre
Tour du Golfe avec escale à l'Ile aux Moines de 2h00 ou 4h00.
Arrivée à Larmor-Baden 14 h 45 ou 16 h 45.
Les mardis et jeudis du 8 juillet au 28 août : Départ 11 h 15

15h00 Tour du Golfe circuit 35km **15€**

Tous les jours du 13 juin au 22 septembre
Tour du Golfe avec escale à l'Ile aux Moines de 1h30.
Arrivée à Larmor-Baden 18 h 10.

16h45 Croisière sur le Golfe circuit 20km **10€**

Tous les jours du 7 juillet au 5 septembre
Croisière sans escale.
Arrivée à Larmor-Baden 18 h 10.

■ Pour tous nos circuits sur le Golfe, REDUCTION de 50% pour les enfants de 4 à 12 ans

Tarif enfants moins de 4 ans **2€**

Les départs conseillés sont ceux du matin, afin de passer une agréable journée sur l'Ile aux Moines, charmant petit village aux ruelles étroites. Sur le port, vous trouverez : commerces, restaurants, crêperies, souvenirs, plages, etc…

Réservations et renseignements :
Vedettes Blanches Armor - Quai de Pen-Lannic - 56870 Larmor-Baden
Tél. 02 97 57 15 27 / 06 08 28 82 72 - Fax 02 97 57 24 47

En fonction des conditions météorologiques, du nombre de passagers ou de tout autre cas, le service des Vedettes Blanches Armor se réserve le droit d'annuler les départs.

a. If you take the trip at 3 p.m., at what time will you get back? ....

b. When do trips start at 11.15 a.m., rather than 11.00? ....

c. Between what ages do children travel half-price? ....

d. Which gives you longer on l'Ile-aux-Moines, the 11.00 excursion or the 15.00? ....

e. What facilities are there round the port of l'Ile-aux-Moines?
....

f. Which trip is non-stop? ....

g. What is the first date on which the 9.45 excursion operates? ....

h. Where do you embark for the trips? ....

i. Is booking recommended? ....

j. What may happen under certain weather conditions?
....

Exercise 3 Can you match up the phrases from the two columns to make feasible sentences? (**moins** means 'less'.)

a.	Le train est	1	voyager en couchette.
b.	Les trains sont	2	aller simple?
c.	Les couchettes sont	3	moins chers que les bus.
d.	Vous pouvez	4	moins cher que le bus.
e.	C'est un billet aller et retour ou	5	moins chères que les voitures-lits.

Exercise 4 See if you can write the words and phrases from the box into the gaps in this conversation at a station booking-office:

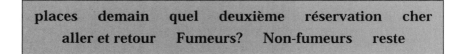

> places   demain   quel   deuxième   réservation   cher
> aller et retour   Fumeurs?   Non-fumeurs   reste

Employé   Madame?

Cliente   Bonjour, Monsieur. Je voudrais un .... pour Béziers, s'il vous plaît.

Employé   En .... classe?

Cliente   Oui, oui. Et avec une ....

Employé   Pour quel jour?

Cliente   Pour ....

Employé   Et pour .... train?

Cliente   Le train de 17h 47.

Employé   .... Non-fumeurs?

Cliente   ....

Employé   *(vérifie)* Ah! Il ne reste plus de .... non-fumeurs en deuxième classe.

Cliente   Aïe! C'est beaucoup plus .... en première classe?

Employé   C'est 50% plus cher.

Cliente   Et il vous .... des places non-fumeurs en première classe?

Employé   *(vérifie)* Oui, Madame.

Cliente   Allez! Je prends un billet de première classe.

Exercise 5   Here is the timetable of trains from Tours to Caen. To follow it, you will need to understand the words **circuler** (to run), **tous les jours** (every day), **sauf** (except), **fêtes** (bank holidays) and the abbreviations for days of the week **lun** (**lundi**), **ven** (**vendredi**), **sam** (**samedi**) and **dim** (**dimanche**).

Tours ◊ Caen	Départ	Arrivée			265 km	
Les trains circulent	▼	▼	Changement	No	Places – services offerts	
● les lun sauf le 31 mai; ● le 1er juin.	03.58	06.58		13030	1.2	
● les dim et fêtes.	09.05	12.47	Le Mans 10.24/10.53	87106 13033	1.2 1.2	🚲
● tous les jours sauf les dim et fêtes.	09.38	12.47		13032	1.2	
● tous les jours.	15.14	18.04		13034	1.2	
● tous les jours sauf les ven, sam et sauf le 30 mai.	16.56	20.04		13036	1.2	
● les ven.	16.56	20.06		13036	1.2	
● les ven, dim et fêtes sauf les 30 mai et 14 juil.	20.08	22.54		13038	1.2	🚲

a.   What is the earliest you can arrive in Caen on a Wednesday?

....

b.   What is the latest departure from Tours on a Saturday?

....

c.   Why is the 9.05 slower than the 9.38?

....

d.   On what day of the week must 31 May have fallen in the year

of this timetable? ....

e.   If you have been to Tours for the weekend, what is the last

possible train you can catch to get you back to Caen in time for

work on Monday morning? ....

Exercise 6   How would you ask these questions in French?

a. Does the 16.56 train run every day?

....

b. Do you have the times for coming back from Caen?

....

c. Is it necessary to change?

....

d. At what time does the 15.14 train arrive in Caen?

....

e. Which platform is it?

....

*A TGV Sud-Est train
in Annecy station*

ANSWERS

Exercise **1**

a. Yes **b.** Sunday 5 July **c.** 12 noon **d.** Because the departure and arrival times are the same (owing to the time-difference between France and Britain). **e.** How to get to your house from the airport (whether there is a train or whether you will meet her).

Exercise **2**

a. 18.10 **b.** On Tuesdays and Thursdays from 8 July till 28 August **c.** 4 and 12 **d.** The 11.00 **e.** Shops, restaurants, pancake houses, souvenirs, beaches **f.** The 16.45 **g.** 8 July **h.** At the port of Larmor-Baden **i.** Yes **j.** Departures may be cancelled

Exercise **3**

a. 4 **b.** 3 **c.** 5 **d.** 1 **e.** 2

Exercise **4**

Bonjour, Monsieur. Je voudrais un aller et retour pour Béziers, s'il vous plaît. / En deuxième classe? / Oui, oui. Et avec une réservation. / Pour demain. / Et pour quel train? / Fumeurs? Non-fumeurs? / Non-fumeurs. / Ah! Il ne reste plus de places non-fumeurs en deuxième classe. / Aïe! C'est beaucoup plus cher en première classe? / Et il vous reste des places non-fumeurs en première classe?

Exercise **5**

a. 12.47 **b.** 15.14 **c.** Because you have to change at Le Mans. **d.** Monday (because the first entry on the timetable reads 'Mondays except for 31 May') **e.** Monday 03.58.

Exercise **6**

a. Est-ce que le train de 16h 56 circule tous les jours? **b.** Est-ce que vous avez les horaires pour revenir de Caen? **c.** Est-ce qu'il faut changer? **d.** A quelle heure est-ce que le train de 15h 14 arrive à Caen? **e.** C'est quel quai?

FOOD AND DRINK

Exercise 1   Which of these items are inedible?

un œuf	des rillettes
une addition	du jambon
une côte de porc	un verre
des pommes frites	des radis
un chou-fleur	une cuillère
un croque-monsieur	des gens
la viande	une côte d'agneau
la saumon	des framboises

Exercise 2   A restaurant has made the following booking. Fill in the gaps in the conversation which Madame Bécaud had with the restaurateur to make that reservation.

Réservations			
Nom	**Jour/Date**	**Heure**	**Nombre de personnes**
Bécaud	Mardi/23 août	20h30	4

Restaurateur	Bonsoir, Madame.
Mme Bécaud	Bonsoir, Monsieur. Je voudrais .... une table, s'il vous plaît.
Restaurateur	Oui, Madame – à quel nom? Et pour quelle date?
Mme Bécaud	Au nom de Bécaud. C'est pour le ....
Restaurateur	Oui – c'est quel jour de la semaine?
Mme Bécaud	C'est un ....
Restaurateur	D'accord. Et c'est pour combien de personnes?
Mme Bécaud	Pour .... personnes.
Restaurateur	A quelle heure est-ce que vous voulez venir?
Mme Bécaud	A .... et demie.
Restaurateur	Parfait. Pas de problème.

Exercise 3   Here is an extract from a letter. Can you write out an English translation of it?

Les enfants grandissent. Moi, je grossis. Je voudrais maigrir, mais pour réussir à maigrir, il faut moins manger. Il faut choisir... et moi, je finis par choisir la bonne cuisine française!

....

....

....

....

....

Exercise 4   First read through this conversation three times.

Anne   Pardon, Madame. Est-ce qu'il y a un restaurant par ici, s'il vous plaît?

Dame   Oui. Qu'est-ce que vous voulez comme restaurant?

Anne   Oh, un petit restaurant pas cher.

Dame   Alors, il y a un bistro à deux cents mètres sur la droite – ils ont une carte raisonnable, et un menu aussi, je crois. Ou bien vous avez un snack-bar dans la première rue à gauche, là – mais ils font uniquement des sandwiches, des hot dogs, des croque-monsieur, des choses comme ça.

Anne   Merci beaucoup, Madame.

Dame   Je vous en prie. Bon appétit!

Now write out how you would tell someone in French:

There's a bar 100 metres on the left. They do sandwiches and pizzas. There is also a good little restaurant in the second street on the right. They have a reasonable set menu and one can eat à la carte too. Enjoy your meal!

....

....

....

....

....

....

Exercise 5   Various boat-operators in France offer cruises (**croisières**) lasting a few hours and including a copious lunch or dinner. Here is the menu from one of them:

TARIFS et HORAIRES

Croisière gourmande

sur le bateau-restaurant

"Leconte de Lisle"

MENU Croisière comprise **48€**
Servi au déjeuner et au dîner

MENU ENFANT (2 à 12 ans)
Croisière comprise **24€**

Les repas sont entièrement réalisés à
bord par notre chef

Terrine de Saint-Jacques
Saumon fumé
Médaillon de foie gras
Plateau de fruits de mer

Filet de truite de mer
Escalope de saumon
Caneton au poivre vert
Pièce de bœuf périgourdine

Fromage

Choix de dessert

You won't understand all the words in this menu. In real life, too, making intelligent guesses is a large part of coping in a language. Make your best guesses in reply to these questions and then check your answers on page 60 before going on to exercise 6.

a.   Is the boat-trip itself included in the price of the menu? ....

b.   Is this menu available in the evening? ....

c.   What is the French for 'smoked salmon'? ....

d.   What is the French for 'seafood'? ....

e.   What is the French for 'fillet of sea-trout'? ....

f.   What is the French for 'duckling with green pepper'?

....

g.   Which dishes should a non-meat-eater avoid?

....

h.   Are drinks included in the menu? ....

i.   Where and by whom are the meals cooked?

....

Exercise 6 Some (though not all) of these phrases belong in the gaps in the conversation below. Can you write in the correct ones?

> **Moi, je prends**   **quelques renseignements**
> **qu'est-ce que c'est que**   **qu'est-ce que vous avez comme**
> **Le service est compris?**   **la carte des vins**
> **c'est de la viande?**

Serveur	Messieurs-dames?
Client	Je voudrais .... , s'il vous plaît, Monsieur.
Serveur	Oui, bien sûr.
Client	La terrine de Saint-Jacques, ...
Serveur	Non, non, non. Les coquilles Saint-Jacques sont des fruits de mer.
Client	Ah, d'accord. Et .... la pièce de bœuf 'périgourdine'?
Serveur	Périgourdine, ça vient du Périgord – ça veut dire 'avec des truffes'.
Client	Ah, très bien. Alors, qu'est-ce que tu prends?
Cliente	Pour moi, la terrine de Saint-Jacques ...
Serveur	Oui ...
Cliente	... et l'escalope de saumon.
Serveur	Parfait. Et pour Monsieur?
	.... le plateau de fruits de mer et la pièce de bœuf périgourdine, s'il vous plaît.
Serveur	Très bien. Merci. Et qu'est-ce que vous désirez boire?
Client	Vous nous apportez .... , s'il vous plaît?
Serveur	Bien sûr, Monsieur.

ANSWERS

Exercise 1
une addition (bill), un verre (glass), une cuillère (spoon), des gens (people)

Exercise 2
réserver / 23 août / mardi / quatre / huit heures

Exercise 3
... The children are growing taller. I'm growing fat. I'd like to slim, but to succeed in slimming, you have to eat less. You have to choose ... and I always end up choosing good French food/cooking!
(Remember that your answer does not have to be word-for-word the same.)

Exercise 4
Il y a un bar à cent mètres sur la gauche. Ils font des sandwiches et des pizzas. Il y a aussi un bon petit restaurant dans la deuxième rue à droite. Ils ont un menu raisonnable et on peut manger à la carte aussi. Bon appétit!
(Again, this is not the only possible correct translation. For example, you could equally well have put **à gauche** instead of **sur la gauche**, or **également** instead of **aussi**.)

Exercise 5
a. Yes (**croisière comprise** means 'cruise included')   **b.** Yes (it is **servi au déjeuner et au dîner**, served at lunch and dinner)
c. Saumon fumé   **d.** Fruits de mer   **e.** Filet de truite de mer
f. Caneton au poivre vert   **g.** Médaillon de foie gras, caneton au poivre vert, pièce de bœuf périgourdine (piece of beef cooked Périgord style – i.e. with truffles)   **h.** No   **i.** On board (**à bord**) by the boat's chef (**par notre chef**)

Exercise 6
Je voudrais quelques renseignements, s'il vous plaît, Monsieur. / La terrine de Saint-Jacques, c'est de la viande? / Ah, d'accord. Et qu'est-ce que c'est que la pièce de bœuf 'périgourdine'? / Moi, je prends le plateau de fruits de mer et la pièce de bœuf périgourdine, s'il vous plaît. / Vous nous apportez la carte des vins, s'il vous plaît?

Exercise 1   Your daughter's French exchange partner has written to her, describing the place where she lives. Read the extract from the letter three times before you try to answer the questions.

> Dans ce village il y a une boulangerie, un magasin d'alimentation et une boucherie. Il y a une très belle église du treizième siècle et les vestiges d'un château du quatorzième. Nous avons aussi un café dans le village, à deux cents mètres de notre maison – j'y vais souvent le samedi soir pour voir les amis. Sinon, pour aller au cinéma, pour danser, pour faire du sport, il faut aller en ville – normalement, nous prenons le bus pour y aller et puis Maman ou Papa vient nous chercher en voiture.

a.   What shops are there in the village?

....

b.   From which century does the church date?

....

c.   And the remains of the château?

....

d.   How far from the French girl's house is the village café?

....

e.   When does she usually go there?

....

f.   Where is the cinema?

....

g.   How does she usually get there?

....

h.   How does she usually get back?

....

Exercise 2   The French girl's letter goes on to describe her likes and dislikes with regard to food:

> Pour la nourriture, je ne suis pas difficile :
> j'adore toutes les viandes, les salades, le fromage,
> les fruits ... mais je déteste le mélange salé - sucré
> (jambon - ananas, par exemple). Je n'aime pas
> du tout le vin ou la bière et je n'aime pas
> beaucoup le thé.

a.   What four things does the French girl say she likes?

....

b.   What four things does she say she dislikes?

....

Exercise 3   Now you write back to the French girl's parents and explain your daughter's likes and dislikes. See if you can translate this into French.

> As far as food is concerned, my
> daughter is not difficult: she likes
> a lot of things, but she doesn't
> like tripe, she hates oysters and she
> can't stand snails.

Pour la nourriture, ...

....

....

....

....

....

Exercise 4   If you can't bear snails, it is as well to be able to say so! For this exercise, use your dictionary to look up one or more items of food or drink to which you personally react in each of the following ways, and then write out the sentence in French.

a.   I absolutely love (adore) ....

b.   I very much like ....

c.   I like ....

d.   I don't much like ....

e.   I don't like ....

f.   I don't at all like ....

g.   I hate ....

h.   I can't stand ....

Obviously, the answers at the end of the unit can only give the verbs, but do take the trouble to write out the other words – it will help you memorise them so that, in real life, you can avoid being presented with snails, tripe, horsemeat or whatever else your pet hates are!

Exercise 5

Your chance to play matchmaker! Applicants to an introduction agency have written descriptions of their likes and dislikes. Here are some extracts. From the limited information available, can you pair up the men in the left-hand column with the women in the right-hand column who seem to have the most in common with them?

Hommes	Femmes
a. 2 J'adore le sport. J'aime beaucoup regarder le football à la télévision et je joue au rugby le samedi. Je déteste les snobs et les intellectuels.	**1** J'aime la culture: le théâtre, le ballet, les concerts, le cinéma, les expositions. Pour la nourriture, j'aime beaucoup toutes les viandes, les poissons, les fruits de mer.
b. 1 J'aime beaucoup aller au théâtre, aux concerts, aux musées. J'aime bien manger au restaurant. Pour la nourriture, je ne suis pas difficile: j'adore un bon steak-frites. J'aime aussi les spaghettis à la bolognaise, la cuisine chinoise, le couscous ... pratiquement tout, quoi!	**2** Je joue au tennis le samedi et je vais à la piscine le jeudi. Je suis très sportive. Par contre, je n'aime pas tout ce qu'on appelle 'culture': le théâtre, l'opéra, etc.
c. 4 J'aime passionnément les langues: je parle français (bien sûr), anglais, allemand, espagnol et russe et j'apprends maintenant le japonais. Je n'ai pas beaucoup de temps libre pour aller au restaurant!	**3** J'aime beaucoup les animaux; j'ai horreur de manger de la viande et je n'aime pas beaucoup manger du poisson. Pour sortir, j'aime aller voir un bon film ou bien aller en discothèque.
d. 3 Je ne sors pas souvent le soir, mais j'aime bien aller danser ou bien aller au cinéma. J'aime aussi aller manger dans un restaurant végétarien.	**4** Je vais à un cours du soir pour apprendre le chinois. Je parle déjà trois langues européennes. Le chinois est beaucoup plus difficile, mais c'est une langue fascinante. Je ne vais pas souvent au restaurant; si j'y vais, je mange surtout de la cuisine chinoise!

Exercise 6   The gaps in the letter below correspond to missing adjectives. The truants are all in the box in their masculine singular form, which may or may not be what is required in the context of the letter. Have a go at writing in the correct forms. (One of the adjectives is used twice.)

ancien	beau	célèbre	central	cher	gentil
intéressant	moyenâgeux	pittoresque	vieux		

Cambridge, le 1er mai

C.hère....... Julie,

      Merci beaucoup pour ta g.entille....... lettre. Alors, tu viens à Cambridge cet été! Est-ce que tu connais déjà la ville de Cambridge? Moi, j'adore! C'est une ville très a.ncienne....... et très i............. L'Université de Cambridge est c............, bien sûr – c'est une des plus v........... universités du monde. La plupart des collèges sont m............. Dans la place c........... de la ville, il y a un marché très p........... et, juste à côté, se trouve l'église de l'Université: on peut monter à la tour pour avoir un b............ panorama sur la ville. Tu ne peux pas ne pas aimer Cambridge!

      Au plaisir de te voir!
      Ton v........... ami,

David

ANSWERS

Exercise 1

a. a baker's, a food store and a butcher's **b.** thirteenth **c.** fourteenth **d.** 200 metres **e.** on Saturday evenings **f.** in town **g.** by bus **h.** her mother or her father picks her up in the car.

Exercise 2

a. all kinds of meat, salads, cheese and fruit **b.** the mixture of savoury and sweet, wine, beer and tea

Exercise 3

Pour la nourriture, ma fille n'est pas difficile: elle aime beaucoup de choses, mais elle n'aime pas la triperie, elle déteste les huîtres et elle a horreur des escargots.

Exercise 4

a. J'adore ... **b.** J'aime beaucoup ... **c.** J'aime (bien) ... **d.** Je n'aime pas beaucoup ... **e.** Je n'aime pas ... **f.** Je n'aime pas du tout ... **g.** Je déteste ... **h.** J'ai horreur de ...

Exercise 5

a. 2 **b.** 1 **c.** 4 **d.** 3

Exercise 6

Chère / gentille / ancienne / intéressante / célèbre / vieilles / moyenâgeux / centrale / pittoresque / beau / vieil

12 WHERE YOU LIVE AND WHAT THE WEATHER IS LIKE

Exercise 1 Here is the **légende** (key) from a tourist map.

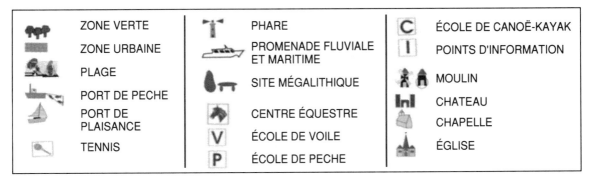

ZONE VERTE	T	PHARE	C	ÉCOLE DE CANOË-KAYAK
ZONE URBAINE		PROMENADE FLUVIALE ET MARITIME	I	POINTS D'INFORMATION
PLAGE		SITE MÉGALITHIQUE		MOULIN
PORT DE PECHE		CENTRE ÉQUESTRE		CHATEAU
PORT DE PLAISANCE	V	ÉCOLE DE VOILE		CHAPELLE
TENNIS	P	ÉCOLE DE PECHE		ÉGLISE

What is the French for each of the following?

a. urban area ....

b. megalithic site ....

c. fishing port ....

d. riding centre ....

e. lighthouse ....

f. beach ....

g. sailing school ....

h. (wind)mill ....

i. pleasure port ....

Exercise 2 What about these other amenities? Can you remember how to write them in French?

a. a cathedral ....

b. a museum ....

c. a swimming pool ....

d. the sea ....

e. a bank ....

f. a bus station ....

Exercise 3   Here is a guide-book entry for Alençon in Normandy. Read it through three times and see how much of it you can understand, even though you don't know all the words. (One that you will need is **la dentelle**, 'lace'.) When you have done that, try to answer the questions in French – you don't need to write full sentences.

ALENÇON

Département de l'Orne
32 526 habitants (les Alençonnais)
Paris 191 km, Le Mans 49 km

Située sur les bords de la Sarthe, la ville d'Alençon est encore aujourd'hui le principal marché d'une fertile campagne.

Principales curiosités

Église Notre-Dame – *visite $^1/_4$ heure* – Ce beau monument de style flamboyant date des 14e et 15e siècles.

Musée de Peinture – *dans l'hôtel de ville* – Des peintures des 17e, 18e et 19e siècles, parfaitement présentées.

Ancien château – Bâti au 14e et 15e siècles par Jean le Beau, premier duc d'Alençon. La forteresse, très restaurée, est maintenant transformée en prison.

Musée de la Dentelle – Une manufacture de dentelle fut créée à Alençon en 1665. De nos jours, une école dentellière maintient les traditions de cette belle industrie.

Maison d'Ozé – Cette jolie maison du 15e siècle abrite un musée d'histoire locale. Une collection d'antiquités gallo-romaines y est également présentée.

Chapelle Sainte-Thérèse – La chapelle est à côté de la maison natale de Sainte Thérèse de Lisieux (née le 2 janvier 1873).

a. Quel est le nom donné aux habitants d'Alençon?

....

b. Selon le guide, combien de temps faut-il pour visiter l'Église

Notre-Dame? ....

c. De quels siècles datent les peintures exposées dans l'hôtel

de ville? ....

d. Quel est maintenant le rôle de l'ancien château?

....

e. Depuis quand est-ce qu'on fabrique de la dentelle à Alençon?

....

f. Où est-ce que la Chapelle Sainte-Thérèse est située?

....

Exercise 4 **Quel temps fait-il?** There are often a number of ways of saying the same thing. As a quick revision exercise, write '**S**' for 'Sunshine' or '**R**' for 'Rain' alongside each of these statements:

a. **Il fait beau.** ....

b. **Le soleil brille.** ....

c. **Il pleut.** ....

d. **Il fait un temps pluvieux.** ....

e. **Le temps est ensoleillé.** ....

f. **Il y a de la pluie.** ....

g. **Il y a des averses.** ....

Exercise 5   You are co-organiser of an Anglo-French conference to be held in Stratford. Your French counterpart asks you to write an outline in French of the main attractions of the town. Can you do it? Here is the English version. Some of the phrases from exercise 3 will come in useful for translating it.

STRATFORD-UPON-AVON
Main places of interest

The birthplace of Shakespeare.

....

Hall's Croft, in the Old Town – the house of John Hall, the husband of Shakespeare's daughter.

....

....

The house of Anne Hathaway, Shakespeare's wife, at Shottery.

....

The house of Mary Arden, Shakespeare's mother, at Wilmcote.

....

Three theatres.

....

The town hall, built in the 18th century by Robert Newman.

....

A lot of houses which date from the 15th and 16th centuries.

....

A medieval chapel.

....

An interesting market.

....

Exercise 6   Can you match up these half-sentences to reflect the weather conditions shown on the map?

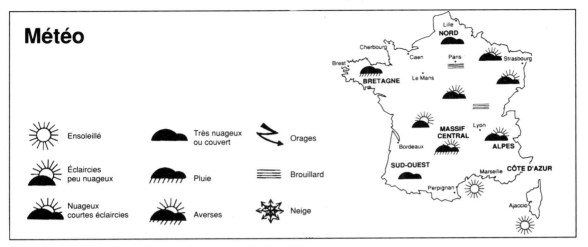

Météo

☀	Ensoleillé
🌤	Éclaircies peu nuageux
🌥	Nuageux courtes éclaircies
☁	Très nuageux ou couvert
🌧	Pluie
🌦	Averses
⚡	Orages
≡	Brouillard
❄	Neige

a.   **En Bretagne**
b.   **Sur la Côte d'Azur**
c.   **Dans le Massif Central**
d.   **Dans les Alpes**
e.   **Dans la région parisienne**
f.   **Dans le Nord de la France**

1   **il y a du brouillard.**
2   **le soleil brille.**
3   **il pleut.**
4   **il y a des averses.**
5   **il y a des nuages.**
6   **il fait un temps nuageux avec de courtes éclaircies.**

Exercise 7   Fill in the French words for:

1   Snow (5)
2   Sunny intervals (10)
3   Cold (5)
4   Sunny (10)
5   Cloudy (7)

6   Hot (5)
7   Fine (4)
8   Fog (10)
9   Winds (5)

ANSWERS

Exercise 1
a. zone urbaine **b.** site mégalithique **c.** port de pêche **d.** centre équestre **e.** phare **f.** plage **g.** école de voile **h.** moulin **i.** port de plaisance

Exercise 2
a. une cathédrale **b.** un musée **c.** une piscine **d.** la mer **e.** une banque **f.** une gare routière

Exercise 3
a. les Alençonnais **b.** un quart d'heure **c.** des 17e, 18e et 19e siècles **d.** c'est une prison **e.** depuis 1665 **f.** à côté de la maison natale de la sainte

Exercise 4
a. S **b.** S **c.** R **d.** R **e.** S **f.** R **g.** R

Exercise 5
This was a difficult exercise and it would be very surprising if you had managed to do it without making any mistakes. Remember too that the translation which follows is only one possible version:

STRATFORD-UPON-AVON
Principales curiosités:
La maison natale de Shakespeare.
Hall's Croft, dans la Vieille Ville – la maison de John Hall, le mari de la fille de Shakespeare.
La maison d'Anne Hathaway, la femme de Shakespeare, à Shottery.
La maison de Mary Arden, la mère de Shakespeare, à Wilmcote.
Trois théâtres.
L'hôtel de ville, bâti au 18e siècle par Robert Newman.
Beaucoup de maisons qui datent des 15e et 16e siècles.
Une chapelle moyenâgeuse.
Un marché intéressant.

Exercise 6
a. 3 **b.** 2 **c.** 4 **d.** 6 **e.** 1 **f.** 5

Exercise 7

Exercise 1   Match up the pictures and the captions. Put the captions in the same order as the pictures to produce an account of a 21st birthday party.

a.   ●   Nous avons donc bien bu.

b.   ●   J'ai invité toute ma famille et tous mes amis.

c.   ●   Moi, j'ai préparé plein de bonnes choses à manger.

d.   ●   et on m'a offert beaucoup de cadeaux.

e.   ●   Ma mère m'a fait un magnifique gâteau d'anniversaire.

f.   ●   Le jour de mes 21 ans,

g.   ●   Mes amis m'ont chanté 'Joyeux anniversaire!'

h.   ●   Les gens ont apporté des bouteilles de vin.

i.   ●   Nous avons donc bien mangé.

j.   ●   Nous avons dansé jusqu'à minuit.

k.   ●   nous avons fait une grande fête.

Exercise 2   Here are some advertisements for French gîtes:

Gîtes de France

1 **Pour 6/7 personnes**: pavillon récemment rénové, situé à un kilomètre du village d'Ozeille (magasin d'alimentation, boulangerie, café, église).
Au rez-de-chaussée: salon-salle à manger, cuisine, salle de bains.
Au premier étage (accès difficile pour personnes infirmes): une chambre avec un grand lit, une chambre à deux lits, une chambre avec un grand lit et un lit individuel.
Au deuxième étage: grenier vide – idéal pour les enfants quand il pleut!

2 **Pour 6/7 personnes**: maison confortable à côté d'une ferme à cinq kilomètres du village de Cressy (hôtel, restaurant, magasins, église).
Au rez-de-chaussée: salon-salle-à-manger-cuisine, une chambre pour une personne, toilettes, salle d'eau.
Au premier étage: deux chambres doubles, une chambre à deux lits, salle de bains.

3 **Pour 6/7 personnes**: appartement au premier étage d'une belle maison du 17e siècle en plein centre d'Angers.
Salon, salle-à-manger-cuisine, salle de bains, toilettes séparées, trois chambres: deux chambres à deux lits et une chambre avec un grand lit et un lit individuel.

a. If you were going on holiday with someone who could not climb stairs, which of these gîtes would you choose? ....

b. If six friends wanted a holiday home where they did not have to share beds, which of these places would suit them? ....

c. Which would be the one to choose if you wanted to be in a town rather than in the country? ....

d. Which one is proposed as being particularly good for children (provided they are big enough to manage awkward stairs)?

....

Exercise 3   Here is the life-story of a language-junkie: try reading it through three times. You won't know all the words, but see if you can understand enough to answer the questions below.

Ma langue maternelle est l'anglais. J'ai commencé le français à l'âge de onze ans à l'école. A partir de l'âge de douze ans, j'ai fait du latin, et puis à seize ans j'ai commencé à apprendre le grec ancien. A vingt et un ans, j'ai suivi un cours de grec moderne. Ensuite, j'ai vécu en France pendant un an; j'ai donc beaucoup parlé français pendant cette période. Dix ans plus tard, j'ai de nouveau habité sur le territoire français, mais cette fois à l'île de la Réunion, dans l'Océan Indien. Là, j'ai appris un peu de créole réunionnais – c'est une langue basée sur le français. A trente-trois ans j'ai appris l'allemand pour mon travail, puis à trente-cinq ans j'ai étudié l'italien pour mon plaisir. J'ai fait un tout petit peu de japonais, en allant à un cours du soir pendant trois mois, mais c'est une langue vraiment difficile. Maintenant j'apprends le russe: je vais à un cours du soir et je travaille à la maison avec un livre et des cassettes. Il faut dire que j'aime beaucoup les langues!

a.   What is the writer's mother tongue? ....

b.   At what age did she start French? ....

c.   What was the next language she learned? ....

d.   At what age did she start Ancient Greek? ....

e.   Where is the island of Reunion? ....

f.   On which language is Reunionese Creole based? ....

g.   Why did the writer learn German? ....

h.   Which language does she say she learned just for pleasure?

....

i.   Which language did she find particularly difficult?

....

j.   How is she studying Russian?

....

....

Exercise 4   Be positive! Answer these questions with **Oui** and a full sentence.

Example   **Oui, j'ai étudié le français à l'école.**

a.   **Avez-vous étudié le français à l'école?**

....

b.   **Avez-vous appris d'autres langues?**

....

c.   **Avez-vous parlé français avec des Français?**

....

d.   **Est-ce que vous avez beaucoup voyagé en France?**

....

e.   **Est-ce que vous avez vu le château de Versailles?**

....

f.   **Est-ce que vous avez visité les Pyrénées?**

....

g.   **Avez-vous compris les menus dans les restaurants français?**

....

Now, in a negative frame of mind, see if you can answer each of those same questions with **Non** and a full sentence.

Example   **Non, je n'ai pas étudié le français à l'école.**

h.   ....

i.   ....

j.   ....

k.   ....

l.   ....

m.   ....

n.   ....

Exercise 5   The words missing from the email opposite are past participles from the verbs in the box. Can you write the correct forms in the gaps? Each verb is used once only.

New word: **louer** (to hire)

| manger | apprendre | voyager | boire | louer | prendre |
| quitter | oublier | visiter | passer | lire | dormir |

Nous avons passé de très bonnes vacances cette année: nous avons ....
en Écosse. Nous avons donc .... Reims à six heures du matin. Nous avons
.... l'avion au départ de Paris-Charles de Gaulle – un vol sur Édimbourg.
Nous avons .... la nuit en ville et puis nous avons .... une
voiture pour aller à notre gîte. Là, nous avons .... les problèmes du travail;
nous avons bien .... ; nous avons .... du haggis; nous avons
.... du whisky; nous avons .... le journal local et nous avons
.... quelques monuments de la région. Nous avons même .... à
parler anglais avec un accent écossais!

Exercise 6 You are staying with French friends. You have lost your watch somewhere in their flat. You tell your friends and they ask which rooms you have been in this morning. Write in the spaces how you will tell them in French what your movements have been. You will need the words **la montre** (watch), **bien sûr** (of course), **laisser** (to leave).

a. I have lost my watch.

....

b. I slept in my bedroom, of course.

....

c. I took a shower in the bathroom.

....

d. I made some coffee in the kitchen.

....

e. I drank my coffee and I read the newspaper in the dining room.

....

f. I watched television in the sitting room.

....

g. I worked in the study.

....

h. Ah! I know! I left my watch in the study!

....

ANSWERS

Exercise 1

Le jour de mes 21 ans, nous avons fait une grande fête. J'ai invité toute ma famille et tous mes amis. Ma mère m'a fait un magnifique gâteau d'anniversaire. Moi, j'ai préparé plein de bonnes choses à manger. Nous avons donc bien mangé. Les gens ont apporté des bouteilles de vin. Nous avons donc bien bu. Nous avons dansé jusqu'à minuit. Mes amis m'ont chanté 'Joyeux anniversaire!' et on m'a offert beaucoup de cadeaux.

Exercise 2

a. 2   **b.** 3   **c.** 3   **d.** 1

Exercise 3

a. English   **b.** eleven   **c.** Latin   **d.** sixteen   **e.** in the Indian Ocean **f.** French   **g.** for her work   **h.** Italian   **i.** Japanese   **j.** She goes to an evening class and she works at home with a book and cassettes.

Exercise 4

a. Oui, j'ai étudié le français à l'école.   **b.** Oui, j'ai appris d'autres langues.   **c.** Oui, j'ai parlé français avec des Français.   **d.** Oui, j'ai beaucoup voyagé en France.   **e.** Oui, j'ai vu le château de Versailles. **f.** Oui, j'ai visité les Pyrénées.   **g.** Oui, j'ai compris les menus dans les restaurants français.   **h.** Non, je n'ai pas étudié le français à l'école. **i.** Non, je n'ai pas appris d'autres langues.   **j.** Non, je n'ai pas parlé français avec des Français.   **k.** Non, je n'ai pas beaucoup voyagé en France.   **l.** Non, je n'ai pas vu le château de Versailles.   **m.** Non, je n'ai pas visité les Pyrénées.   **n.** Non, je n'ai pas compris les menus dans les restaurants français.

Exercise 5

Nous avons passé de très bonnes vacances cette année: nous avons **voyagé** en Écosse. Nous avons donc **quitté** Reims à six heures du matin. Nous avons **pris** l'avion au départ de Paris-Charles de Gaulle – un vol sur Édimbourg. Nous avons **passé** la nuit en ville et puis nous avons **loué** une voiture pour aller à notre gîte. Là, nous avons **oublié** les problèmes du travail; nous avons bien **dormi**; nous avons **mangé** du haggis; nous avons **bu** du whisky; nous avons **lu** le journal local et nous avons **visité** quelques monuments de la région. Nous avons même **appris** à parler anglais avec un accent écossais!

Exercise 6

a. J'ai perdu ma montre.   **b.** J'ai dormi dans ma chambre, bien sûr. **c.** J'ai pris une douche dans la salle de bains.   **d.** J'ai fait du café dans la cuisine.   **e.** J'ai bu mon café et j'ai lu le journal dans la salle à manger.   **f.** J'ai regardé la télévision dans le salon / dans la salle de séjour.   **g.** J'ai travaillé dans le bureau.   **h.** Ah! Je sais! J'ai laissé ma montre dans le bureau!

14 TALKING ABOUT THE FUTURE

Exercise 1 Here are some basic sentence-patterns:

Past   **J'ai**   **fini mon travail.**
        I have   finished my work.
        This also translates 'I finished my work'.

Future   **Je vais**   **finir mon travail.**
        I am going   to finish my work.

Note also   **J'espère**   **finir mon travail.**
        I hope   to finish my work.

In **a–k** below, only one of the options on the right (**1** or **2**) is a possible completion for the sentence begun on the left. Can you tick the correct box in each case?

a.   **J'espère**   ☐ 1   **voyagé en Chine.**
                 ☐ 2   **voyager en Chine.**

b.   **Je vais**   ☐ 1   **vu la Tour Eiffel.**
                 ☐ 2   **voir la Tour Eiffel.**

c.   **J'ai**   ☐ 1   **visité le Musée du Louvre.**
                 ☐ 2   **visiter le Musée du Louvre.**

d.   **J'ai**   ☐ 1   **beaucoup travaillé.**
                 ☐ 2   **beaucoup travailler.**

e.   **Tu vas**   ☐ 1   **pris le métro.**
                 ☐ 2   **prendre le métro.**

f.   **Ils espèrent**   ☐ 1   **eu des enfants.**
                 ☐ 2   **avoir des enfants.**

g.   **Tu as**   ☐ 1   **compris?**
                 ☐ 2   **comprendre?**

h.   **Il a**   ☐ 1   **écrit une lettre.**
                 ☐ 2   **écrire une lettre.**

i.   **Nous avons**   ☐ 1   **dormi.**
                 ☐ 2   **dormir.**

j.   **Nous allons**   ☐ 1   **appris l'italien.**
                 ☐ 2   **apprendre l'italien.**

k.   **Elle va**   ☐ 1   **été contente.**
                 ☐ 2   **être contente.**

Exercise 2   A fortune-teller spins this story to an impressionable client:

Vous allez beaucoup voyager. Vous allez partir au Canada et vous allez travailler dans un bureau. Là, vous allez vous marier avec votre patron. Vous et votre mari, vous allez devenir riches et vous allez avoir un bel appartement en ville et une très grande maison au bord de la mer. Vous et votre mari, vous allez avoir trois enfants: un garçon et deux filles. Votre mari va mourir à 93 ans; vous, vous allez vivre jusqu'à l'âge de 95 ans.

The client writes to a friend, relaying the predictions. Can you complete this paragraph of her letter?

Je vais beaucoup voyager. Je ....

....

....

....

....

....

....

....

jusqu'à l'âge de 95 ans.

Exercise 3 Remembering that you use **avoir** to express age (e.g. **J'ai 22 ans**, 'I am 22'), how would you say each of the following?

a. How old are you? (to a child)

....

b. How old are you? (to someone you call **vous**)

....

c. I am going to be forty-two on 14 July.

....

d. Jean is going to be thirty-nine on 23 December.

....

e. Michel is going to be sixty on 27 March.

....

f. You are going to be three years old tomorrow!

....

Exercise 4 How will these children say they are going to do what their heroes do?

Example **Maman est pilote.**
Moi aussi, je vais être pilote.

a. **Ma sœur est comptable.**

Moi aussi, ...

b. **Papa joue au golf.**

Moi aussi, ...

c. **Mon frère va à l'université.**

Moi aussi, ...

d. **Maman travaille à Versailles.**

Moi aussi, ...

e. **Jean-Claude fait des reportages dans les pays étrangers.**

Moi aussi, ...

f. **Isabelle fait un stage dans une école à Paris.**

Moi aussi, ...

Exercise 5 Meet Frédéric, who is about to put some clothes on!

Can you remember the names and genders of the garments illustrated? Try to write out a sentence about each one, following the pattern in the example.

Example **Il va mettre son pull.** (He's going to put his sweater on.)

Be careful to use the right form of **son**, **sa** and **ses**.

a. ....

b. ....

c. ....

d. ....

e. ....

f. ....

g. ....

Exercise 6   Here is part of a letter from a French friend, telling you about his family's forthcoming holiday. You can probably guess that **pique-niquer** means 'to picnic'.

Nous allons, bien sûr, visiter les monuments intéressants de la région : il y a une cathédrale du treizième siècle et trois châteaux à voir. Notre hôtel est à 500 mètres de la plage, alors nous allons faire de la natation. S'il fait beau, les enfants vont jouer au football ; s'il pleut, ils vont jouer au ping-pong ! Ils vont aussi faire du cheval : il y a une école d'équitation tout près. Moi, je vais lire quatre ou cinq livres : c'est un élément essentiel des vacances pour moi. A midi, nous allons probablement pique-niquer et puis, le soir, nous allons dîner au restaurant.

Use the language of that letter to help you write to another friend about your own holiday plans:

During the holidays, we are going to visit the châteaux of the Loire. The children are also going to ride. Lee is going to read and **I** am going to do some swimming. Our hotel is in Tours and there is a swimming pool nearby. At midday, we shall eat a pizza or a hot dog and then, in the evening, we shall have dinner at the hotel.

....

....

....

....

....

....

....

....

ANSWERS

Exercise 1
a. 2 **b.** 2 **c.** 1 **d.** 1 **e.** 2 **f.** 2 **g.** 1 **h.** 1 **i.** 1 **j.** 2 **k.** 2

Exercise 2
Je vais beaucoup voyager. Je vais partir au Canada et je vais travailler dans un bureau. Là, je vais me marier avec mon patron. Mon mari et moi, nous allons devenir riches et nous allons avoir un bel appartement en ville et une très grande maison au bord de la mer. Mon mari et moi, nous allons avoir trois enfants: un garçon et deux filles. Mon mari va mourir à 93 ans; moi, je vais vivre jusqu'à l'âge de 95 ans.

Exercise 3
a. Quel âge as-tu? (OR Tu as quel âge?) **b.** Quel âge avez-vous? (OR Vous avez quel âge?) **c.** Je vais avoir quarante-deux ans le 14 juillet. **d.** Jean va avoir trente-neuf ans le 23 décembre. **e.** Michel va avoir soixante ans le 27 mars. **f.** Tu vas avoir trois ans demain!

Exercise 4
a. je vais être comptable **b.** je vais jouer au golf **c.** je vais aller à l'université **d.** je vais travailler à Versailles **e.** je vais faire des reportages dans les pays étrangers **f.** je vais faire un stage dans une école à Paris

Exercise 5
a. Il va mettre son slip. **b.** Il va mettre son pantalon. **c.** Il va mettre ses chaussettes. **d.** Il va mettre ses chaussures. **e.** Il va mettre sa chemise. **f.** Il va mettre sa veste. **g.** Il va mettre son manteau.

Exercise 6
Pendant les vacances, nous allons visiter les châteaux de la Loire. Les enfants vont aussi faire du cheval (OR faire de l'équitation). Lee va lire et moi, je vais faire de la natation. Notre hôtel est à Tours et il y a une piscine tout près. A midi, nous allons manger une pizza ou un hot dog, et puis, le soir, nous allons dîner à l'hôtel.

15   TALKING ABOUT WHERE YOU HAVE BEEN

Exercise 1   Here is part of an email from a French friend called Joëlle:

> Samedi matin, <u>je suis allée</u> faire des courses, puis,
> l'après-midi, je suis allée au Musée d'Orsay – c'était
> fabuleux! Le soir, Georges et moi, nous sommes sortis
> dîner chez des amis à Versailles. Nous sommes rentrés à
> la maison vers deux heures du matin. Dimanche, les
> parents de Georges sont venus 'déjeuner': ils sont
> arrivés à dix heures du matin et ils sont partis à dix
> heures du soir! C'est dimanche aussi que notre nièce
> Céline est née! Son père Alain a téléphoné à minuit pour
> nous annoncer la nouvelle!

First underline the verbs in the email which are perfect tenses
using the verb **être** (**je suis**, **tu es**, **il est**, etc.). The first one
has been done for you. Then see if you can answer the
following questions in full French sentences, paying particular
attention to the forms of the verbs.

a.   **Qu'est-ce que Joëlle a fait samedi après-midi?**

....

b.   **Qu'est-ce que Joëlle et Georges ont fait samedi soir?**

....

c.   **A quelle heure est-ce qu'ils sont rentrés à la maison?**

....

d.   **A quelle heure est-ce que les parents de Georges sont arrivés dimanche matin?**

....

e.   **A quelle heure est-ce qu'ils sont partis?**

....

f.   **Quelle est la grande nouvelle d'Alain?**

....

Exercise 2   As Exercise 1 reminded you, the main verbs of motion form their perfect tense with the verb **être** rather than **avoir**, e.g. **je suis allé** (written by a man), **je suis allée** (written by a woman). To refresh your memory on the past participles of these verbs, see if you can fill in the grid. (Although accents are not usually used in crosswords, it would be a good idea to write them in this case because accents distinguish between, for example, **je monte** and **je suis monté**.)

Example   Clue: gone (f. pl.)   Answer: **allées**
Clue: gone (m. pl.)   Answer: **allés**

m. = masculine, f. = feminine, sing. = singular and pl. = plural.

  1   died (m. pl.)
  2   gone down (m. sing.)
  3   stayed (m. sing.)
  4   fallen (f. pl.)
  5   arrived (f. sing.)
  6   gone out (f. sing.)
  7   left (m. sing.)
  8   come (m. sing.)
  9   gone up (m. sing.)
 10   born (m. sing.)
 11   entered (m. pl.)

Exercise 3   The words in the box need to be written in the correct gaps in this reminiscence of the author's time on the French island of Reunion in the Indian Ocean.

New expression: **dans le vide** (into the void)

| ai | morte | suis | ingénieurs | descendue | est |
| montagnes | tombée | rester | suis | partie | eu | est |

A l'âge de trente-deux ans, je suis .... à la Réunion,

dans l'Océan Indien. C'est une très belle île volcanique, avec de

magnifiques .... et une végétation tropicale

absolument fabuleuse. Je .... arrivée à la Réunion en

septembre. En octobre, une vieille tante est .... en

Angleterre; elle m'a très gentiment laissé £2000, alors

j'...................... pu m'acheter une voiture. J'ai loué une maison dans

un village à la montagne; en fait, le nom du village était La

Montagne!

En janvier, nous avons .... très, très chaud et

l'humidité était à 100%. C'était une 'dépression tropicale'. Puis, un

soir, j'ai fini mon travail en ville et je .... montée chez

moi au village comme d'habitude. Pendant la nuit, un vrai cyclone

.... arrivé. J'ai donc dû .... à la maison

pendant quatre jours de pluie torrentielle. Pendant le cyclone, la

route de La Montagne est littéralement .... dans le

vide, alors mon village .... resté pendant encore cinq

jours complètement isolé de la ville. Pendant ce temps, les

.... de l'île ont réussi à construire une sorte de pont

pour permettre aux voitures de passer. Au bout de dix jours, je

suis donc .... en ville et j'ai pu reprendre mon travail.

Exercise 4   Here is the programme for a weekend in Paris. Imagine that you and your partner have been on the trip and are telling friends about it. Write out what you would say to them, giving the times and numbers in words rather than figures. To keep it from getting too complicated, leave out the bits in brackets, such as '(**dîner + visite de Paris la nuit**)'.

Tip   All the verbs you will need for this exercise take **être** in the perfect tense so they will all begin with **nous sommes**.

You should start by saying: **Le vendredi, nous sommes partis de Lisieux à seize heures vingt et une.** You can take your choice for the Sunday morning!

VENDREDI
16 h 21: Départ de Lisieux
18 h 22: Arrivée à Paris-St-Lazare
20 h 00: Sortie (dîner + visite de Paris la nuit)
1 h 00: Retour à l'hôtel

SAMEDI
10 h 00: On va dans les grands magasins
14 h 00: Descente dans les catacombes
19 h 00: Montée au 2e étage de la Tour Eiffel (dîner + panorama)

DIMANCHE
10 h 00: On va à l'église – ou on reste au lit!
12 h 00: Montée au 56e étage de la Tour Maine-Montparnasse (déjeuner + panorama)
19 h 05: Départ de Paris-St-Lazare
20 h 49: Arrivée à Lisieux

....

....

....

....

....

....

....

....

....

....

....

....

....

....

....

....

....

....

....

....

....

....

....

....

....

Exercise 5   Congratulations on working all the way through the book!
This last exercise is a quick review of the language covered
since Unit 1. It is based on the old game where you have to try
not to say 'Yes' or 'No'. Do it aloud the first time through,
finding ways of answering which do not include **Oui** or **Non**,
and then write out your answers.

Example   For **a.** you might put **Je suis en vacances** OR **Je ne suis pas en vacances**.

a.   **Vous êtes en vacances?**

....

b.   **Vous êtes célibataire?**

....

c.   **Qu'est-ce que vous prenez pour le petit déjeuner?**

....

d.   **Où peut-on changer des chèques de voyage dans votre ville?**

....

e.   **Pour aller à la gare, s'il vous plaît?**

....

f.   **A quelle heure est-ce que vous vous levez normalement?**

....

g.   **Où peut-on acheter du pain dans votre ville?**

....

h.   **Avez-vous mal à la tête?**

....

i.   **Est-ce que le train est moins cher que l'avion en Angleterre?**

....

j.   **Est-ce que le service est compris normalement dans les restaurants anglais?**

....

k.   **Aimez-vous la cuisine française?**

....

l.   **Est-ce que la mer est proche de chez vous?**

....

m.   **Parlez-vous allemand?**

....

n.   **Qu'est-ce que vous allez faire demain?**

....

o.   **Etes-vous allé(e) en France?**

....

ANSWERS

Exercise 1

You should have underlined: (je suis allée), je suis allée, nous sommes sortis, nous sommes rentrés, (les parents de Georges) sont venus, ils sont arrivés, ils sont partis, (notre nièce Céline) est née

a. Elle est allée au Musée d'Orsay.   **b.** Ils sont sortis dîner chez des amis à Versailles.   **c.** Ils sont rentrés vers deux heures du matin.   **d.** Ils sont arrivés à dix heures du matin.   **e.** Ils sont partis à dix heures du soir.   **f.** Sa fille Céline est née dimanche.

Exercise 2

	M				D				
	O			R	E	S	T	É	
	R				S	O			
	T		A		C	M			
	S	O	R	T	I	E	B		
			R		N	É			
P	A	R	T	I		D	E		
			V	E	N	U	S		
M	O	N	T	É			N		
		E	N	T	R	É	S		

Exercise 3

partie; montagnes; suis; morte; ai; eu; suis; est; rester; tombée; est; ingénieurs; descendue

Exercise 4

Le vendredi, nous sommes partis de Lisieux à seize heures vingt et une. Nous sommes arrivés à Paris-St-Lazare à dix-huit heures vingt-deux. Nous sommes sortis à vingt heures et nous sommes retournés à l'hôtel à une heure du matin.

Le samedi, nous sommes allés dans les grands magasins à dix heures. Nous sommes descendus dans les catacombes à quatorze heures. Nous sommes montés au deuxième étage de la Tour Eiffel à dix-neuf heures.

Le dimanche matin, nous sommes allés à l'église à dix heures (OR nous sommes restés au lit). Nous sommes montés au cinquante-sixième étage de la Tour Maine-Montparnasse à midi. Nous sommes partis de Paris-St-Lazare à dix-neuf heures cinq et nous sommes arrivés à Lisieux à vingt heures quarante-neuf.

Exercise 5

There can be, of course, all sorts of answers to this exercise, but here is one possible set: **a.** Je ne suis pas en vacances.   **b.** Je suis marié(e).   **c.** Pour le petit déjeuner, je prends du café au lait, du pain et du beurre.   **d.** On peut changer des chèques de voyage à la banque.   **e.** Vous allez tout droit, vous prenez la troisième rue à gauche et puis la première à droite.   **f.** Je me lève à huit heures normalement.   **g.** A la boulangerie ou au supermarché.   **h.** Je n'ai pas mal à la tête.   **i.** Il est vrai que le train est normalement moins cher que l'avion en Angleterre.   **j.** En général, le service est compris dans les restaurants anglais.   **k.** J'adore la cuisine française!   **l.** La mer n'est pas proche de chez nous.   **m.** Je ne parle pas allemand.   **n.** Demain je vais travailler et puis, le soir, je vais aller au cinéma.   **o.** Bien sûr!